Bernhard Marxen

Geschichte der Philosophie – inkl. Theologie

Bernhard Marxen

Geschichte der Philosophie – inkl. Theologie

entnommen aus:
„Das große Buch des Wissens“,
Lizenzausgabe für den Bertelsmann Lesering,
mit Genehmigung des Fackelverlages,
Stuttgart 1956 bis 1964,
Kapitel „Philosophie“ von Katharina Kanthack,
erweitert und völlig neu überarbeitet
von Bernhard Marxen

Bibliografische Information der Deutschen Nationalbibliothek:
Die Deutsche Nationalbibliothek verzeichnet diese Publikation in der Deutschen Nationalbibliographie;
detaillierte bibliographische Daten sind im Internet über dnb.dnb abrufbar.

Bernhard Marxen
Geschichte der Philosophie – inkl. Theologie

Ethos-Verlag, Hopfenberg 13
D-21244 Buchholz i. d. N. (auch für direkte Bestellungen)
Internet: www.ethos-verlag.de

ISBN 978-3-00-076112-6

Erste Auflage 2023

Herstellung: Books on Demand GmbH, D-22848 Norderstedt

Inhaltsverzeichnis

Vorwort

Dieses Buch wurde in **Vorbereitung** geschrieben und gehört zum **Nachlass** des Autors Bernhard Marxen. Es weist – gleich der anderen Bücher – auf das Geschehen am Waldsee bzw. die dort erhaltene **Anweisung** (s. 5. Buch, Kap. 1.5).

Seit 2017 ist dieses Buch freigegeben – wegen des Verzichts auf alle Nutzungsrechte des Autors und die seiner Rechtsnachfolgerin. Der Autor hat die Anweisung am Waldsee als ein „**Sollen**" erspürt (s. Innenteil, Punkt 5, I. **Kant**).

Dieses Buch gehört zu den ersten Quellen, aus denen der Autor nach der Anweisung geschöpft hat. Weder der Fackelverlag noch Frau Prof. Dr. Katharina Kanthack, die Autorin der **Urfassung**, konnten ausfindig gemacht werden – wegen der Veralterung wohl, nicht bezüglich des Inhalts, sondern der sprachlichen Darstellung der Urfassung.

Dem Autor erschien die Urfassung – trotz Veralterung – mehr als informativ. Erst nach Jahrzehnten der Suche, gegen Ende seiner Tätigkeit als Autor, unterzog er sich der Mühe, die Urfassung verständlicher zu machen, sie auszulichten und als **Neufassung** veröffentlichen zu lassen – als eines seiner letzten Bücher, ohne geschäftliche Interessen! Mit der Neufassung könnte die Urfassung weiterleben.

Gewiesen sei auf **Punkt 2** des Innenteils (Die geschichtliche Entfaltung), wo der Autor begründet hat, warum sein Interesse an der Ur- bzw. Neufassung gewachsen ist.

Im **Nachwort** dieser Neufassung erscheint die **Homepage** des Autors – als ein Teil seines sämtlichen Nachlasses.

Ethos-Verlag B. Schmolke

1. Was bedeutet Philosophie?

Im 6. Jahrhundert vor Christi Geburt setzte in Griechenland jene geistige Bewegung ein, die wir als **abendländische** Philosophie bezeichnen und die sich in einer überströmenden Fülle von Leistungen bis zu unserer Gegenwart hin entfaltet hat. Hier sind die Fragen aufgeworfen, deren Erörterung die Grundsubstanz unserer gesamten Kultur bildet, hier liegt die Urbewegung des menschlichen Denkens überhaupt vor. Und wenn die Übersetzung des griechischen Wortes „phi'los" den Sinn von Weisheitsliebe hat, so muss dieses Wort im denkbar umfassendsten Sinne verstanden werden.

Die philosophische **Grundfrage**, um die es in den Jahrtausenden, von denen wir sprechen, immer wieder gegangen ist, bezieht sich auf den **Sinn des Seins** überhaupt. Es geht also nicht um die Erkundung einzelner Gegenstandsgebiete in der Welt, sondern um **alles Seiende**. Und weiter will die Philosophie diese Fülle nicht einfach aufsammelnd erfassen und etwa beschreiben. Sie fragte vielmehr, wie es der griechische Denker **Aristoteles** zum Ausdruck brachte, nach dem „Seienden als solchem". Sie will wissen, was wir meinen, wenn wir sagen: etwas „ist".

Diese Frage drängt sich dem Menschen auf, weil er sich verpflichtet fühlt, bestimmte Handlungen in dieser Welt zu vollbringen und durch sie eine Ordnung unter den Dingen und Menschen zu stiften. Im Hintergrund allen Tuns aber steht als Letztes unvermeidlich die **Seinsfrage**. Der Mensch kann keine Tat vollbringen ohne den Seinssinn dessen, was ihn umgibt zu deuten. Dabei braucht die Deutung nicht „theoretisch" formuliert zu werden. Sie wird vielmehr grundlegend und ursprünglich „gelebt" in der Art und Weise, wie der Mensch mit dem **Seienden** umgeht.

In dieser Weise „philosophiert“ jeder Mensch ständig. Einzelne spezifisch Begabte aber sind imstande, das zunächst handelnd an den Tag gelegte Verständnis „auf Worte“ zu bringen. Dann können philosophische Schriften entstehen, jene Werke, die wir mit bedeutenden Verfassernamen in Verbindung bringen und die in der Geschichte der Philosophie verzeichnet sind. Im Rückblick lässt sich erkennen, dass diese Bücher, obwohl sie individuelle Leistungen sind, nur an bestimmten geschichtlichen Stellen verfasst worden sind, weil sie in zeitbedingten Grundeinstellungen hängen. Der Mensch ist mit seiner Geburt schon immer in einen besonderen geistigen Raum hineingestellt, so der Grieche in ein anderes Fluidum als der Mensch des Mittelalters oder der Neuzeit.

Damit ist gesagt, dass der Mensch, weil er ein geschichtliches Wesen ist, die **Seinsfrage** immer erneut und unter anderen Vorzeichen stellen muss. Er kann nicht einfach eine fertige Lösung übernehmen, sondern ist stets zu einer eigenen Entscheidung aufgefordert, die sich zunächst in der Weise seines **Handelns** kundtut.

Die genannte Geschichtlichkeit des menschlichen Daseins und Schaffens konnte erst gesehen werden, nachdem eine lange Geschichte abgelaufen war.

Es ist bemerkenswert, dass die Unmöglichkeit, endgültige Aussagen zu machen, sogar von einer Spezialwissenschaft zugegeben wird. So gibt die **theoretische Physik** in unseren Tagen zu, dass die letzten denkerischen Grundlagen, die fundamentalen Fragestellungen sich wandeln können. Der Mensch begegnet in der Natur immer nur sich selbst, sagt der Physiker und Philosoph Werner **Heisenberg**.

Die **Grundfrage** der Naturwissenschaft ist enger als die der Philosophie, die sich auf alles Seiende richtet. Jedenfalls findet die Philosophie heutzutage ein betont „offenes“ Denken vor und damit eine Stütze, wenn sie sich selbst zur „Offenheit“ bekennt. Unter Offenheit wird die Überzeugung verstanden, dass es nicht möglich ist, eine bleibende **Gesamtvorstellung** des Seienden zu entwerfen, und dass wir nicht ahnen können, welche Fragen und Denkansätze künftig möglich sein werden. Nur eine Gewissheit lässt sich dabei festhalten, dass der Mensch immer zu einer **Bewährung** aufgefordert sein wird.

In der langen Geschichte der Philosophie finden sich wiederholt Bemühungen, feste Gedankengerüste zu erarbeiten in der Überzeugung, dass späterhin noch Ausbauten stattfinden können, dass aber mit dem eigenen Werk entscheidende Strukturen festgelegt wären. Hierher gehören die Besinnungen der abendländischen **Metaphysik**.

Das Wort Metaphysik entstand wahrscheinlich auf Grund einer Zusammenstellung der **aristotelischen** Schriften, bei der ein Komplex von Abhandlungen, die man als „erste Philosophie“ bezeichnete, hinter (meta’) den Werken der Physik vorfand. Man vergaß dann diese Fundstelle und deutete „Metaphysik“ als Gesamtheit der Bestrebungen, mit welchem das unmittelbar Gegebene durchdacht wird, um zu dessen Gründen zu gelangen. Später rückte der Terminus **Ontologie** (Seinslehre) in die Nähe des Wortes Metaphysik, ja, überschnitt sich oft mit ihm. Die abendländische Metaphysik hat die Frage nach dem **Sinn des Seins** so zu lösen versucht, dass sie den Blick auf die Vielfalt des **Seienden** richtete, dass sie dann fragte, welche allgemeinen Wesenszüge es überhaupt davon gäbe. Die Antworten, die von den einzelnen Metaphysikern gegeben wurden, sind sehr verschieden, denn diese

Denker gingen von verschiedenen Bezirken des Seienden aus und entwarfen von diesen her gleichsam Modelle für alles Seiende. So hält sich ein **metaphysischer Materialismus** an die Erscheinungen des **Anorganischen**, als deren Träger er die ausgedehnte **Materie** ansieht, und erklärt sogar den einzelnen Menschen für stofflich-materiell. Fragen, wie die nach der sittlichen Entscheidungsmöglichkeit oder der Unsterblichkeit des Menschen, werden dann im negativen Sinn beantwortet.

Andere Metaphysiker sind etwa von den Erscheinungen des Lebens oder des Geistes ausgegangen, haben sie zur Grundsubstanz für alles Seiende erklärt.

Weiter hat die Metaphysik sich nach **Prinzipien** umgesehen, die sich als die bewirkenden Ursachen für alles Seiende anboten. Beide Fragestellungen überschnitten sich. Bei materialistischem Denken z. B. lieferte die **Materie** die entscheidenden Momente. Sie erschien zugleich aber auch als **primäres Prinzip** für alles Seiende. Daneben hat die Metaphysik ein jenseits unserer Welt existierendes Wesen – einen **Gott** – als letzten Grund angenommen. Dieser Gott ließ sich dann wieder mehr oder weniger konkret schildern. Man konnte seine Fähigkeit des Gründens (Weltschöpfung) von der werkmeisterlichen Tätigkeit der Menschen her verstehen. Es ließ sich aber auch von den in der Welt ablaufenden Ursache-Wirkungszusammenhängen her der Begriff einer **causa sui** (Ursache seiner selbst) bilden und auf Gott übertragen, oder dieser konnte als „**ungeschaffene Substanz**" bezeichnet werden. Wenn man den „Gott der Metaphysik" so beschreiben wollte, dann musste man von gewissen Zügen des Seienden ausgehen und diese übersteigern.

In bestimmten metaphysischen Entwürfen gibt es die Warnung, das Göttliche als gegenständlich aufzufassen, weil das, was alles andere erzeugt, nicht von den Zügen des bloß Geschaffenen her verstanden werden könne. So meinte man dann, das Geheimnis des Grundes nicht weiter antasten zu dürfen und wollte das Göttliche nur in der Weise fassen, dass man ihm alle irdischen Prädikate absprach (**negative Theologie**), wobei man sich aber doch auf jene Momente hinbewegte.

Es sei betont, dass hier vom „Gott der Philosophie“ die Rede ist und nicht vom Gott der **Religion**. Religiöse Haltung liegt vor, wenn der Mensch spürt, dass sich Gott in der Weise der **Offenbarung** an ihn wendet und ihm die Gnade des **Glaubens** schenkt.

Die Philosophie wollte ihre Behauptungen über das Wesen des Seinsgrundes oft durch Verstandeseinsicht sichern. Sie hat aber auch auf die Begrenztheit des menschlichen Verstandes gewiesen. Dann kam sie entweder zur **Skepsis**, zum Verzicht auf alle Versuche des Erkennens, oder sie stellte nur oberflächliche Fragen. Diese entsprachen nicht dem Geschehen, das die Religion als Offenbarung bezeichnet. Geschichtlich ist die Philosophie auch in den Dienst der **Theologie** getreten.

Von den ontologischen oder metaphysischen Grundentwürfen, die sich auf alles Seiende beziehen, musste natürlich auch der Mensch mit all seinen Regeln und Möglichkeiten umgriffen werden. Doch schon in der griechischen Philosophie betonte man die denkerischen Regeln so nachdrücklich, dass sich die **Logik** (Lehre vom Denken) als ein Sondergebiet abtrennte und selbständig betrieben wurde. Die **klassische Logik**, meist als Gegensatz zur Logistik, untersucht das Wesen der **Begriffe** bzw. des **Allgemeinen**, weiterhin das der **Urteile** als Begriffsverbindungen und weiterhin das der **Schlussverfahren** als Möglichkeit, Urteile auseinander abzuleiten.

Als Teilgebiet trat weiterhin die **Ethik** in Erscheinung, als Lehre vom sittlichen Verhalten des Menschen. Fast immer hing die Ethik „in den Angeln der Metaphysik". Denn wenn sie fragte, ob der Mensch die sittliche Entscheidungsfreiheit besäße oder ein völlig den **Kausalgesetzen** unterworfenes Wesen sei (**Determinismus**), oder wenn sie etwa als Garant sittlicher Normen einen Gott annahm, so wurde diese Frage ja meist von der Metaphysik aufgeworfen und beantwortet.

Dieselbe Fundierung lag häufig vor, wenn man sich dem Phänomen des Schönen zuwandte, das sich in der Natur oder der Kunst zeigte. Auch hier wurde, was in der Neuzeit erst geschah, die **Ästhetik** zu einem Sondergebiet ausgebaut (Namensprägung von A. G. **Baumgarten**, 1714-1762).

Im Denken der Neuzeit kam ebenso die Disziplin der **Erkenntnistheorie** zum Durchbruch. Man glaubte, das menschliche Erkennen isoliert erörtern zu können, und wollte die Erkenntnistheorie sogar zur Richterin über die Metaphysik oder Ontologie machen. Dabei wurde übersehen, dass Aussagen über das menschliche Erkennen schon immer **Seinsaussagen** sind. Wenn etwa behauptet wurde, die Erkenntnis des Menschen beruhe vorzugsweise auf dessen Verstand oder auf dessen Sinneswahrnehmung oder einer besonderen Art von **Intuition** (unmittelbares geistiges Ergreifen), dann wurde schon immer etwas über ein **Seiendes** ausgesagt. Es zeigte sich hier ein seltsamer **Zirkel**, auf den wir am Schluss dieser Abhandlung eingehen werden.

Eine neue Situation entstand weiterhin für die Philosophie, als sich die modernen Wissenschaften in einer Fülle von Spezialdisziplinen durchgesetzt hatten – ab etwa 1600.

Für das antike und mittelalterliche Denken gehört die

Beschäftigung mit Problemen, die wir heute physikalische, biologische, psychologische usw. nennen, in die **Philosophie** hinein, die durch die **Ontologie** fundiert wird. Wissenschaften im neuzeitlichen Sinne gehen so vor, dass sie sich jeweils ein bestimmtes Teilgebiet des Seienden abstecken und methodische Verfahrensweisen entwerfen, die gerade für dieses und kein anderes Gebiet gelten. So grenzen z. B. Physik und Chemie die nicht belebten Erscheinungen als ihre Forschungsfelder ein, so nimmt die Biologie auf die Lebenserscheinungen Bezug, die Geschichte auf den Ablauf des politischen und kulturellen Lebens. Die Sauberkeit und Zuverlässigkeit der **modernen Wissenschaft**, die immer Teilwissenschaft ist, beruht darauf, dass sie sich in ständiger Selbstkritik auf jene Methoden beschränkt, die zu ihrem Teilgebiet gehören. Es gibt **keine Universalmethode**, mit der sämtliche Teilgebiete bearbeitet werden können. Wollte man die erarbeiteten Teilerkenntnisse miteinander verflechten, so könnte dies nicht mehr in wissenschaftlicher Weise geschehen.

Dennoch hat man in der neuzeitlichen Philosophie Versuche unternommen, Gesamtansichten des Seienden unter Zuhilfenahme der Ergebnisse der Teilwissenschaften zu entwerfen. So kam es noch bis zu unserem Jahrhundert dazu, die Philosophie als **Synthese** (Verschmelzung) der teilwissenschaftlichen Erkenntnisse zu deuten. Man übersah dabei nicht nur die methodischen Schwierigkeiten, sondern auch das Phänomen, dass zwischen den einzelnen Teilgebieten Lücken klaffen, die wir nicht überbrücken können.

Und man übersah, dass die Grundbestimmungen der einzelnen Wissenschaften ja nicht fest sind – wir weisen auf das zurück, was oben über die Physik gesagt wurde -, sondern dass in ihnen auch neue Begriffe auftauchen, mit deren Hilfe das Wesentliche im Teilgebiet bezeichnet wird.

Es ist also einleuchtend, dass man nicht einfach die Ergebnisse der Einzelwissenschaften zusammennehmen kann, um die Frage nach dem **Sinn des Seins** inhaltlich zu beantworten. Gerade die heutige Wissenschaft treibt uns, trotz eminenter Erfolge, immer mehr in **Rätselhaftes** hinein. Wir kennen eine Fülle von Formeln, aber wir wissen nicht mehr, worauf sie sich im Grunde beziehen. Die heutigen Wissenschaften, die ständig „Grundkrisen" erleben, können **niemals** endgültige Antworten über unser Tun geben, so dass ihre **Synthesen** auch keine „Gemütsbedürfnisse" in uns stillen können, wie man dies zeitweise behaupten wollte.

Da wir in diesem Abschnitt von den Teilgebieten der Philosophie handeln, so muss noch darauf hingewiesen werden, dass vielfach Bestrebungen vorliegen, die **Grundprinzipien** der einzelnen Wissenschaftsgebiete einer philosophischen Erörterung zu unterwerfen, die etwas anderes sein soll als das rein wissenschaftliche Vorgehen.

Überwiegend stehen hinter solchen Versuchen auch immer Ansätze der auf die Ganzheit des Seienden bezogenen **Ontologie**. Denn man kann die Besonderheit eines Gegenstandsgebietes nur gründlich fassen, wenn man dieses Gebiet mit allen anderen vergleicht. In Grenzen nur scheint das möglich. Die Aufmerksamkeit wird auf das jeweilige Teilgebiet konzentriert, als sei dieses abtrennbar.

Ausgehend von der Einteilung der Wissenschaften in Natur- und Geistesdisziplinen unterscheidet man zunächst eine **Naturphilosophie** von einer **Philosophie des Geistes** oder der Kultur. Diese Gebiete können dann wieder aufgeteilt werden von Bestrebungen her, die den anorganischen oder den organischen Erscheinungen der Natur zugewandt sind, und von Bemühungen her, die einzelnen Phänomenen des geistigen

Seins zu durchleuchten. So kann sich die Geistesphilosophie in Gebiete gliedern wie die **Geschichtsphilosophie**, die **Sprachphilosophie**, die **Staatsphilosophie** und **Philosophie der Gesellschaft**, die **Rechtsphilosophie**, die **Religionsphilosophie** und **Wirtschaftsphilosophie**.

Seit einigen Jahrzehnten besteht die Neigung, das Wesen des Menschen von einer Sonderrichtung her zu erfassen, die sich Anthropologie (Menschenkunde) nennt, und zwar **philosophische Anthropologie** im Gegensatz zur **Naturphilosophie**. Da der Mensch in wissenschaftlichen Untersuchungen niemals völlig erfasst werden kann, liegen hier so gut wie immer **metaphysische** Voraussetzungen vor.

2. Die geschichtliche Entfaltung

Weil der Versuch, den unübersehbaren Reichtum philosophischer Entwürfe auch nur andeutungsweise zeitlich zu verfolgen, sehr schwierig ist, möchten wir unserer Darstellung eine **besondere Form** geben. Es sollen zunächst diejenigen geschichtlichen Stellen betont werden, an denen wichtige **Grundworte** und Begriffe geprägt worden sind.

Von da aus soll kurz auf deren **Zusammenhänge** gewiesen werden, auch lange nach dem Tode ihrer ursprünglichen Schöpfer. Tatsächlich gibt es in der Philosophie eine gewisse Beständigkeit im Gebrauch der Grundworte. Es darf allerdings nicht übersehen werden, dass sich in der Entfaltung des Denkens der **Sinn dieser Worte** ändert, weil ja die Geschichte immer Neues gebiert. So ist es also durchaus möglich, dass ein neuzeitlicher Denker sich auf einen antiken Philosophen (**Theologen**) zurückbezieht und dessen Gedankengänge zu übernehmen glaubt, während er im Grunde, selbst in neuen geistigen Gebilden stehend, jenen alten Sinn verändert hat, nun aber diese **gewandelte Bedeutung** wiederum in die Vergangenheit hineinträgt. Wir möchten also wiederholt von entscheidenden gedanklichen Ansätzen her „**Durchstöße**" unternehmen und müssen dann natürlich immer wieder zurückschauen, um den geschichtlich frühesten Neuansatz aufzugreifen.

Bezüglich dieser „Durchstöße" sei das **rätselhafte Geschehen** noch einmal kurz berührt, das im 5. und 9. Buch des Autors Bernhard Marxen ausgiebig beschrieben worden ist. Vom Geschehen aus, das als **Bild und Satz** dem Autor erschien, hat sich eine „Linie" entwickelt, die durch alle seine Bücher verläuft und die **Geschichte der Philosophie** bzw. **Theologie** betrifft.

Erst 20 Jahre nach dem Geschehen erkannte der Autor, dass er der Anweisung, die er am Waldsee erhalten hatte, gefolgt war und weiterhin folgen würde. Während der Lektüre von Bibeltexten stieß er auf die **Briefe des Apostels Paulus**, in denen der Begriff der „**Determiniertheit**" (vorherbestimmt, auserwählt, prädestiniert) wiederholt auftaucht, und zwar bezogen auf Paulus selbst, d. h. auf dessen Wille und Werk – obwohl er den persönlichen **Glauben allein**, den an Jesus Christus, herausgestellt hat (unabhängig von guten und bösen Werken), zwecks Empfang des göttlichen Heils (Jak 2,14- 26).

Dieser Ansatz von Paulus ist sowohl **deterministisch** als auch widersprüchlich zugleich. Paulus hat sich selbst zum „**Auserwählten Gottes**" gemacht (Gal, 1,15) und einen „**Freibrief**" ausgestellt für all jene, die meinen, an Jesu Christi zu glauben, ohne ihren Glauben in einem tatsächlichen Leben nach dessen Geboten sichtbar werden zu lassen!

Während der Missionstätigkeit erfuhr die Christengemeinde – kurz nach ihrer Gründung – große Schwierigkeiten. Ihre führenden Köpfe trafen sich deshalb zum ersten so genannten „**Apostelkonzil**" mit folgendem Beschluss: „Die Apostel und Presbyter (Vertreter, Vorsteher) entbieten als Brüder den in Antiochien, in Syrien und Celicien aus dem **Heidentum** kommenden Brüdern ihren Gruß … es hat dem Heiligen Geist und uns gefallen, euch weiter keine Last aufzulegen, außer folgenden notwendigen Dingen: Ihr sollt euch enthalten von Götzenopferfleisch, von Blut, von Ersticktem und von Unzucht. Wenn ihr euch davor bewahrt, werdet ihr euch recht verhalten. Lebt wohl!" (Apg, 15,23-29). Aus rein praktischen Erwägungen ist das **Apostelkonzil** durchgeführt worden.

Auch Paulus hat den Beschluss erhalten, der für die Weiterentwicklung der frühen Kirche von entscheidender Bedeutung werden sollte.

Paulus hat sich selbst – im Namen Jesu Christi – zum „**Apostel für die Heiden**" gemacht, hat das „**Evangelium an die Heiden**" verkündet (Gal 2,7-8). Wenn auch Paulus als Vorkämpfer der gesetzesfreien Heidenmission weiter gilt, so ist aus heutiger Sicht sein Evangelium **nicht mehr zeitgemäß**. Doch bis in unsere Zeit hinein hat sowohl die katholische wie die protestantische Kirche die Botschaft Jesu als **gesetzesfrei** verkündet.

Hier sei auf die „**Durchstöße**" gewiesen. Weil der **deterministische** Ansatz von Paulus (gegenüber seinem eigenen Werk) als widersprüchlich erscheint, darf das **Evangelium an die Heiden** nicht mehr als gesetzesfrei gelten – getreu der Botschaft Jesu Christi. Im Rückblick sei gesagt: Mit Forderungen an den Gesetzgeber (**römischen** Staat) hätte sich die Missionstätigkeit in der ersten Phase des Christentums selbst gefährdet.

Der Kampf der Menschheit ist der **Kampf um das Recht**, der mit allen erdenklichen **Bosheiten** geführt worden ist. Über Jahrtausende hinweg hat sich die jeweilige **Obrigkeit** darum bemüht, die breiten Bevölkerungsgruppen von der Gesetzgebung auszuschließen, besonders auf Grund kirchlicher Behauptungen einerseits und niedrigen Bewusstseinsständen andererseits. Das **gesetzesfreie** Evangelium nach Paulus ist nur eine Variante unter vielen, diesen Ausschluss zu erreichen.

Beim Studium dieser Abhandlung sollte der Leser darauf achten, wie es der jeweiligen Obrigkeit gelingen konnte, die breiten Bevölkerungsgruppen von der Gesetzgebung fernzuhalten. Behilflich könnten **vier Merkpunkte** sein, die an gegebenen Stellen im Text mit „**s.o.**“ (siehe oben) gekennzeichnet sind:

1. Leugnung der menschlichen Willensfreiheit,
2. Vorherbestimmung, **Determination**, Auserwähltheit, Prädestination,
3. Macht und Gesetzgebung von Gottes Gnaden oder nach Paulus: **Gnadenwahl Gottes** (Gal 1.15),
4. Theologie (Kirche) als Mutter der Wissenschaften.

3. Die Philosophie des Altertums

Im 6. Jahrhundert vor Christi Geburt wird in Griechenland, und zwar in den kleinasiatischen und unteritalienischen Kolonisationsgebieten die Frage nach dem **Ursprung** alles **Seienden** gestellt: dem der Natur, des Menschen, ja sogar dem der Götter.

Die Antworten, die zunächst gegeben werden, scheinen seltsam eng und konkret zu sein. So nennt **Thales** von Milet (624-544) das Wasser und **Anaximenes** (588-524) die Luft als **Urstoff** für alles Seiende. Dunkler klingt es schon, wenn **Anaximander** von Milet (610-547) vom **Apeiron** spricht – als dem unbegrenzten Urstoff. Auf alle Fälle haben die genannten Begriffe einen tieferen Sinn als uns derzeit bekannt ist. Sie deuten auf das Geheimnis des Entstehens als solchem hin.

Bei **Pythagoras** (580-500), der die nach ihm benannte Schule gründete, taucht der Gedanke auf, dass alles Seiende, indem es sich zeigt, Eingrenzungen erfährt, wobei die **natürlichen Zahlen** als Urprinzip angesehen werden.

In der vorchristlichen Zeit wird die Seinsfrage weiter gestellt. Wir begegnen den Ansätzen des **Parmenides** aus Elea (um 500) und denen des **Heraklit** von Ephesos (544-480). Von diesen frühen Denkern (oft als **Vorsokratiker** bezeichnet) kennen wir nur Fragmente, von dem letztgenannten höchst bedeutende und großartige, aber schwer verständliche. Die Antworten, die auf Fragen nach dem Urprinzip gegeben werden, sind gewöhnlich entgegengesetzt. Parmenides, so berichtet man, schildere das wahre Sein als etwas Unveränderliches, Immerseiendes, schlechthin Einheitliches und sehe in allem Werden und aller Vielheit einen bloßen Sinnentrug, Heraklit dagegen meine, es gäbe nur ein ständiges Werden, das sich in der Entfaltung von **Gegensätzen** vollziehe. Im Grunde jedoch zeigen beide Denker große Gemeinsamkeiten. Von beiden wird festgestellt, dass das **Seiende** sich als sinndurchdrungen zeige – so steht bei Heraklit der **Logos** hinter allem Werden, symbolisch gefasst als „immerwährendes“ Feuer, das Welten entlässt – und dass diese Welten den Menschen brauchen, um verstanden zu werden und zur Erscheinung gelangen können. Im letzteren Sinn müsste der Satz des Parmenides zu deuten sein: „Das Denken und das Sein sind dasselbe.“

Gemäß dieser Ansätze folgen Versuche, in denen das Werden von Sinnordnungen und das Rätsel des Entstehens so beantwortet werden, dass bestimmte Phänomene innerhalb der schon vorhandenen Welt als die gründenden und **allgemeinsten** darstehen. Damit erfolgt der Übergang zum metaphysischen Denken, so bei **Anaxagoras** (500-428), der unendlich viele Urteilchen annimmt, die durch einen ordnenden Geist – **Nus** – zur Welt gefügt werden. Nach **Empedokles** aus Agrient (490-430) gibt es nur **vier Elemente**: die Luft, die Erde, das Feuer und das Wasser. Sie alle werden durch zwei entgegengesetzte Kräfte – **Liebe** und **Hass** – so vereint resp. getrennt, dass es zu immer neuen Welten und Weltvernichtungen kommt.

Demokrit aus Abdera (460-370), als dessen Vorgänger **Leukipp** gilt, begründet eine **atomistische** Lehre. Neben den unzähligen Atomen, die er annimmt und durch Größe, Gestalt und Ausdehnung verschieden sein lässt, setzt er die Realität des leeren Raumes an, in dem sich die Atome nach der Notwendigkeit bewegen (in unserer Zeit taucht der Begriff der **Notwendigkeit** noch anders auf: als Handlungsform der kommunistischen Partei, s. unten).

Ihren großen Beginn hat die **Metaphysik** oder **Ontologie** aber erst mit Platon. Vorher muss **Sokrates** (470-399) noch genannt werden, jene geheimnisvolle, äußerlich immer betont als unschön geschilderte Persönlichkeit, von der wir keine eigenen „Zeilen“ besitzen, aber Worte, die mit unerhörter **Wirkung** bis auf unsere Tage hin in die Geschichte hineinstrahlen. Sokrates hat also nichts geschrieben, aber **Platon** hat ihn in fast allen seinen Schriften zum Dialogführer und Verkünder gemacht.

Sokrates hat nur Gespräche geführt – auf dem Marktplatz und den Straßen von Athen. Er hat sich dabei als unwissend gestellt und nach dem Wesen von **Tugenden** gefragt. Seine Mitunterredner haben versucht in Worte zu fassen, was z. B. Tapferkeit, Frömmigkeit, Freundschaft bedeuten. Sokrates hat immer nur gezeigt, dass die jeweiligen Antworten nicht hinlänglich sind, hat aber selbst keine konkreten Antworten gegeben, obgleich er gesagt hat, die Tugend sei ein Wissen.

Sokrates hat gesehen, dass beim Verstehen einer „sittlichen Wahrheit“ wohl ein Mensch einen anderen „auf den Weg bringen kann“, dass der Geführte aber zuletzt selbst finden muss, wie er zu handeln hat. Nur so kann der Mensch sich als **freies** und **sittliches** Wesen bewähren **(s.o.)**.

Sokrates ist der große Rufer, der in einer Epoche teils müden Traditionalismus, teils verwirrender Neuansätze den Menschen auf die innerenWerte gewiesen hat, mithin auf die Stimme des **Gewissens**, die sich in jedem melden kann.

Oftmals trat er als Gegner der sog. **Sophisten** auf. Diese waren umherwandernde Lehrer, die ihre Zeitgenossen politisch schulen und in der Redekunst unterweisen wollten. Unter den älteren Sophisten finden sich bedeutende Persönlichkeiten, so **Protagoras** (481-411) und **Gorgias** (483-375), die über das menschliche Wissen nachgedacht haben. Jüngere Vertreter der Richtung sind zu Schlussfolgerungen gekommen, die dem sittlichen Leben im Staat gefährlich werden konnten.

Sokrates' Lehre muss unerhört intensiv gewesen sein. Denker solcher Art fallen nur zu leicht der Trägheit und Gedankenlosigkeit ihrer Mitbürger zum Opfer. Als Lästerer der Götter und Verführer der Jugend wurde er angeklagt und zum Tode verurteilt. Er starb, obwohl er hätte fliehen können; er ahnte, dass sein Tod bleibendes Zeugnis für seine Lehre ablegen würde.

Sein Schüler **Platon** (428-347), aristokratischer Abstammung, gründete die erste der großen griechischen Philosophenschulen, die **Akademie** (so genannt nach dem Hain des Heros Akademos, wo Platon lehrte). Jene Werke, in denen seine **Ideenlehre** erschien, sind die Dialoge Phaidon, in welchen Sokrates vor seiner Hinrichtung Beweise für die **Unsterblichkeit** der Seele gab, Symposion und Phaidros, die zeigen, wie sich der Mensch, in **geistiger Liebe**, zum höchsten Wesen entwickeln kann, und Politeia, das Hauptwerk über den Staat, in dem, ausgehend von der Frage nach der **Gerechtigkeit**, gezeigt wird, dass ein Gemeinwesen nur gedeihen kann, wenn seine Lenker Philosophen sind.

Platon ist der Schöpfer der ersten großen **Metaphysik** des Abendlandes. Die Frage ist also, von welchen Zügen der Welt er ausging, um die Ganzheit des Seienden zu begründen. Stark beeindruckte ihn, dass im **Allgemeinen** und Mannigfaltigen so genannte **Wesensgestalten** erkennbar sind. In allem, was auf der Erde brennt, ist die Wesensgestalt des „Feuers" vorhanden, in allen Betten, die angefertigt werden, die „Betthaftigkeit", in allen gerechten Handlungen die „Gerechtigkeit", in allen schönen Dingen die „Schönheit". Der Metaphysiker Platon sucht das Seinsproblem vom Unveränderlichen her zu fassen und fragte: was kann man als Bleibendes, als dem Entstehen und Vergehen Enthobenes ansehen? Er trifft dabei auf die eben genannten Wesensgestalten, die stets dieselben bleiben, während das von ihnen durchdrungene irdische Einzelgebilde entsteht und vergeht. Und so nimmt er denn an, dass es jenseits der sinnlich erfahrbaren Welt noch eine **zweite Welt** gibt: die Region des vollkommenen **Seins**, wo jene Wesensgestalten wohnen, die Platon als **Ideen** kennzeichnet. Sie lassen sich nicht mit den Sinnen wahrnehmen, sondern nur in einer geistigen Schau erfassen. Sie bilden ein erhabenes Reich, an dessen Spitze die **Idee des Guten** steht. Sie sind ewige Ur- und Musterbilder, die bewirken, dass die Dinge der flüchtigen Sinnenwelt ein bestimmtes Aussehen haben. Vor seiner Geburt hat der Mensch im Reiche der Ideen gelebt und alle Ideen geschaut, wobei eine Erinnerung geblieben ist. Und während er auf Erden lebt, und zwar wiederholt (Platon lehrt die Seelenwanderung), kann diese Erinnerung in ihm aufwachsen (**Anamnesis**), und er vermag zu begreifen, dass diese Welt von den Ideen eingefärbt und durchdrungen ist.

Die platonische Metaphysik errang höchste Bedeutung für die Entwicklung des abendländischen Denkens. Später konnte sie im **Neuplatonismus** mit der Ansetzung eines noch über den Ideen stehenden Gottes verbunden werden. Und über diesen Weg drang sie in die mittelalterliche, von der **Theologie** geführte Philosophie ein (**s.o.**), wo die Ideen als **Urgedanken Gottes** gedeutet wurden. Im Blick auf sie erschafft Gott die Welt mit ihren Ordnungen aus dem **Nichts** oder aus sich selbst.

Diese Vorstellungen sind bis in die Neuzeit hinein lebendig geblieben, haben Hegels Metaphysik beeinflusst, mit der „**absoluten Idee**“ resp. dem „**Weltgeist**“, ebenso die Theorien von der „Konstanz der Arten und Gattungen“, mit denen sich die Vertreter biologischer **Abstammungslehren** (hauptsächlich des **Darwinismus**) beschäftigten. Diese haben dann weiter davon gesprochen, dass die Entwicklung immer neuer Arten möglich sei.

Wenn wir Platons geschichtliches Wirken weiter verfolgen, dann stoßen wir auf seinen Schüler **Aristoteles** (384-322), von dem gleichfalls eine weltweite Wirkung ausgehen sollte. Geboren in Stagira in Thrakien, Lehrer von Alexander dem Großen, Begründer einer Akademie in Athen, wo sein Hauptwerk erschien, die „**Metaphysik**“. Zu seinen weiteren Schriften zählen Werke über die Ethik, über die Seele, über mannigfache Naturphänomene, über das Wesen des Staates und der Dichtkunst. Sechs Abhandlungen über Fragen der Logik sind später unter der Bezeichnung „**Oganon**“ (Werkzeug) zusammengefasst worden.

Aristoteles übt an der Ideenlehre seines Lehrers eine Kritik, deren Hauptpunkt in dem Hinweis besteht, dass es nutzlos und unverständlich sei, für die Erklärung der Vorgänge in der Welt ein jenseitiges Ideenreich anzunehmen. Im Bereich des Seienden müssten vielmehr Ursachen gefunden werden, durch welche das schöpferische Zusammenwirken der Dinge und Menschen in Erscheinung träte. Aristoteles gibt **vier solcher Ursachen** an, und dieses Schema sollte, wenn auch verändert, gleichfalls eine unerhörte geschichtliche Tragweite gewinnen. Schon in der späten Antike kommt es zur Geltung, erringt dann in der mittelalterlichen Philosophie fundamentale Bedeutung, besonders im Weltbild des **Thomas** von Aquino (1225-1274), der in Verbindung mit christlichen Dogmen (**s.o.**) und gewissen platonischen und aristotelischen Zügen eine Seinsdeutung gibt, die im Raum des Katholizismus bis in unsere Gegenwart fortwirkt.

Unter den **vier Ursachen**, die sich vereinen sollen, damit ein Ding der Natur (eine Pflanze etwa) oder ein vom Menschen erzeugtes Gebilde (eine Statue etwa) entstehen kann, muss sowohl die **Materie** (erste Ursache) als auch die **Form** genannt werden (zweite Ursache), die dem Erzeugnis eine spezifische Eigenart verleiht. Diese **Formursache** leitet Aristoteles aus den platonischen Ideen her, wobei er keine Zweiweltenlehre vertritt, jedoch bei der Überzeugung bleibt, dass die Wesensgestalt (Formursache), von der ein Ding durchdrungen ist (die Pflanzenhaftigkeit etc.) zu den anderen Ursachen gehören muss, ohne die ein Erzeugnis oder ein Ding der Natur nicht entstehen kann.

Schafft ein Künstler die Statue, so ist deren Form zunächst in seinem Kopf vorhanden. Bevor er aber diese seine Vision in der Materie umsetzen kann, muss er das **Bewegungsprinzip** nutzen (dritte Ursache). Die bisher genannten Ursachen genügen aber nicht, um das Werden des Ganzen zu erklären. Es muss einen Grund geben, warum der Künstler die Statue erschaffen will. Das kann der Tempelraum sein, der geschmückt werden soll. Hier haben wir die vierte Ursache, die von der Frage „**Weswegen**" ausgeht. Gegenüber den von den Menschen geschaffenen Dingen fallen beim Ding der Natur, so der Pflanze, die letzten drei Ursachen (Form, Bewegung und Weswegen) in eins zusammen, d. h. deren Wesensgestalt bewegt sich in der Formung der Materie gleichsam auf sich selber hin. Bei jedem Lebewesen, auch beim Menschen, fällt die sich selbst erzeugende Form (**Entelechie**: Selbstvollendung) mit der Seele zusammen. Der Kosmos im Ganzen weist ständige Überstufungen auf: schon geformte Materie kann neuer, höherer Formung unterworfen werden.

Als reine, materiefreie Form bezeichnet Aristoteles Gott. Dieser Gott ist nicht als Schöpfer der Welt gedacht, die gleich ewig mit ihm ist. Er ist das Wesen, das, selbst unbewegt, alles andere in Bewegung hält, und zwar darum, „dass alles sich nach ihm sehnt". Er ist als „Denken seiner selbst" bezeichnet worden, als jenes Höchste, zu dem jeder Drang und jede Gestaltung letztlich strebt.

Aristoteles hat seine denkerischen Ansätze benutzt, um gewaltige Gebiete des naturalen und des geistigen Seins zu durchdringen. Von ihm und den Angehörigen seiner in Athen gegründeten Schule der Peripatetiker (Umherwandelnde) sind physikalische, astronomische, biologische, meteorologische, psychologische, geschichtliche, politische Vorgänge beobachtet und erklärt worden. Hinsichtlich der **logischen** Schriften sei erwähnt, dass sie hauptsächlich die **Schlusslehre** behandeln, und zwar mit der Möglichkeit, spezielle Urteile aus **allgemeinen** zu erschließen (**Deduktion**). Ferner sind die Sätze vom Widerspruch und vom ausgeschlossenen Dritten angegeben, auch eine Tafel von **zehn obersten Aussageformen** (Kategorien) über das Seiende, nämlich: Substanz, Quantität, Qualität, Relation, Ortsbestimmung, Zeitbestimmung, Lage, Tun, Haben, Leiden (s. unten **Kant**). Dem ganzen Werk werden in der Spätphase der Antike wie im Mittelalter immer wieder **Kommentare** (Auslegungsschriften) gewidmet.

Die **Vierursachenlehre** des Aristoteles ist ins Lateinische übersetzt worden. Man spricht von der causa materialis, causa formalis, causa movens und causa finalis (Zweckursache). Das hiermit gegebene Deutungsschema der Natur- und Geistesvorgänge ist beherrschend geblieben bis zum Beginn der Neuzeit. Seit Beginn des modernen Naturdenkens (Begründung der **klassischen Mechanik** durch Galilei um 1600) ist der Kampf gegen das antik-mittelalterliche Denken geführt worden, besonders gegen die Annahme der **Formursache**.

Im Deutungsschema des Aristoteles' stehen Prinzipien, die zielgerichtet (**teleologisch**) wirken. Einer solchen Wirkungsweise hat man die **physikalische** gegenübergestellt: nur Vorgänge, die der Auslösung von außen her bedürfen, hat man anerkannt, und zwar mit einer **kausal** begründeten Methode, sodass jeder Hinblick auf ein zu erreichendes Ziel entfiel (**s.o.**).

Rückgriffe auf den aristotelischen **Formgedanken**, gibt es auch noch in der Neuzeit. So in umfassender, wenn auch modifizierter Weise im Weltbild des Gottfried W. Leibnitz (1646-1716, **Monadenlehre**), so weiter in den naturphilosophischen Lehren, die **vitalistisch** (vita: Leben) genannt werden. Behauptet wird, dass das Wesen eines lebenden Organismus auf keinen Fall von pysikalich-mechanischen Vorgängen aus erklärt werden könne. Organisches Werden sei nur verstehbar, wenn ein auf die Gestalt gerichteter Faktor wirksam sei. Um dies zu bezeichnen, ist häufig das aristotelische Wort **Entelechie** herangezogen worden. In den letzten Jahrzehnten geschah dies durch Hans **Driesch** (1867- 1941), der als der Hauptvertreter eines **Neuvitalismus** gilt.

Von solchen Erwägungen her lässt sich der Begriff eines gestalterzeugenden „organischen" Geschehens ableiten und auf weitere Gebiete übertragen.

Man hat etwa versucht, das Wesen des Staates auf eine überindividuelle Gesamttendenz zu gründen, die die Entstehung und Seinsweise der einzelnen Menschen derart lenkt, dass sie Gliedfunktion im Großverbund „Staat" ausüben. Wie dem Vitalismus aber die Behauptung einer **Maschinentheorie** entgegensteht, die das Werden des Verbunds nur aus einem pysikalischen Wechselspiel von Elementen erklärt, so stehen der organischen Deutung des Staates die Einzelmenschen gegenüber. Auch Interpretationen der wirtschaftlichen wie der gesellschaftsbildenden Vorgänge können so nicht gegeben werden.

Die weitere Verwendung eines organisch bestimmten **metaphysischen** Schemas liegt auch dann vor, wenn Oswald **Sprengler** (1880-1936, **Der Untergang des Abendlandes**) die großen Weltkulturen als **Organismen** bezeichnet, die aufblühen und sterben, je von einem Gestaltungsgesetz durchdrungen, das alle einzelnen Schöpfungen durchwaltet.

Nach Sprengler gibt es keine Linie, von der her sich die einzelnen Kulturen aufreihen ließen: etwa im Sinne eines Fortschritts. Was er vorträgt, ist eine versteckte Metaphysik, derzufolge die einzelnen Kulturen je „in erhabener Zwecklosigkeit“ einem bestimmten Boden entwachsen.

Deutlich aber finden sich geschichtsmetaphysische Lehren, die einen Fortschritt im Weltgeschehen aufzeigen, bei **Herder**, **Fichte**, **Hegel**. Bei diesen Denkern wird **teleologisch** gedacht, denn es wird angenommen, dass die Geschichte der Menschheit letztlich durch ein zielgerichtetes Prinzip gelenkt wird. Diese Annahme existiert auch im Denken von Karl **Marx** (1818-1883), da es heißt, dass die Menschheitsgeschichte mit unaufhaltsamer Sicherheit durch die Phasen der Klassenkämpfe hindurch zur klassenlosen Gesellschaft strebe (versteckter **Determinismus**, auch im Begriff der **Notwendigkeit**, s. unten).

Was die antike Philosophie angeht, so treten in der griechischen und römischen Periode, neben Bestrebungen, das **platonische** und das **aristotelische** Denken zu bewahren, noch zwei weitere Weltdeutungen hervor, die gleichfalls zu Schulgründungen führen: der **Stoizismus** und **Epikuräismus**. Beide zeigen eine starke Betonung des Ethischen.

Die **stoische** Schule (Stoa: Säulenhalle) wurde von **Zenon** aus Zypern (342-264) gegründet, der ein metaphysisches Weltbild entwarf, das in der mittleren Stoa umgewandelt wurde. Zur jüngeren Stoa, in christlicher Zeit, gehörten bedeutende Römer, so der Staatsmann **Seneca** (3- 65), der Sklave **Epiktet** (50-120) und der römische Kaiser **Marc Aurel** (121-180).

Die Stoa lehrt einen **Pantheismus** (Identität von Gott und Welt). Ein feinmaterielles und zugleich vernünftig waltendes Urprinzip, genannt **Pneuma**, lässt die gröberen Formen der Materie wie auch die Verschiedenheit der Menschen wirklich werden und nimmt die so entstehenden Welten in Verbrennungsprozessen wieder zurück, um sie neu aus sich entstehen zu lassen (**Phönix**). Mit besonderem Nachdruck wird das Moment der **Vorsehung** und schicksalhaften Weltlenkung betont. In staatsphilosophischer Hinsicht bringen die Stoiker einen **Kosmopolitismus** (Lehre vom Weltbürgertum). Sie vertreten eine Naturrechtslehre, d. h. die Behauptung, dass es vor und über allen (positiven) Rechtsordnungen ein in der menschlichen Natur gründendes Urrecht gebe (**Menschenrechte**: im 2o. Jahrhundert erst wirksam).

Dem Menschen wird die Aufgabe gestellt, in Übereinstimmung mit sich selbst und der Weltvernunft zu leben. Nur das ist wichtig und hängt vom Einzelnen ab. Darum sind die Leidenschaften, die uns abhängig machen, schädlich und müssen ausgemerzt werden. So kommt es zur Forderung, sich zu besinnen und gegen die Affekte anzukämpfen. Als Ideal entsteht das Bild vom „stoischen Weisen“, der kein weltflüchtiger Asket ist, sondern z. B. als lenkender Staatsmann mitten im Irdischen steht und bis zu seinem Tod nur auf den Ruf der Vernunft hört und alles andere als gleichgültig ansieht.

Im Zusammenhang mit dem stoischen Pantheismus tritt eine Frage auf, deren Macht sich dann in der abendländischen Metaphysik zunehmend entfalten sollte: das Problem der menschlichen **Willensfreiheit (s.o.)**. Wenn eine allmächtige, der Voraussicht fähige Instanz den Ablauf des Weltgeschehens unwiderruflich lenkt, muss dann nicht auch der Mensch von dieser Fügung ganz und gar durchdrungen sein, kann seine **sittliche** Entscheidung dann noch von ihm selbst abhängig sein? Mit dieser Frage, die sich natürlich auch stellen lässt, wenn nicht, wie beim Pantheismus, die Deckung von Gott und Welt angenommen wird, sondern die Seinsweise eines allmächtigen und **allweisen Gottes** als **welttanszendent** (überschreitend) angesetzt wird, sind die Stoiker in überzeugender Weise nicht fertig geworden, so wenig wie irgendeine spätere Metaphysik. Ähnliche Schwierigkeiten hat die im Stoizismus aufbrechende Frage bereitet, wie sich mit der Annahme eines vernünftig lenkenden Gottes das Übermaß an **Bosheit** in der Welt vereinen lässt. Von hier aus drang das Problem der **Theodizee** (Rechtfertigung Gottes) in die Philosophie ein. Man bemühte sich immer wieder, Gott gegen den Vorwurf zu verteidigen, dass er das Leid in der Welt zugelassen habe. Das geschah u. a. im **Neuplatonismus** und später bei Giordano **Bruno** (1548-1600), insbesondere bei **Leibniz** (1646-1716) und auch bei dem Engländer **Shaftesbury** (bis 1713).

Der Pantheismus, der im Mittelalter gegenüber einer vom Christentum geführten Philosophie natürlich zurücktreten musste, da der hier vorgestellte Gott nicht mit der Welt zusammenfällt, sondern sie aus dem **Nichts** erschafft, kommt wieder zur Geltung in metaphysischen Einstellungen der **Renaissancphase**, der Phase des Übergangs vom Mittelalter zur Neuzeit.

Der Pantheismus ist nicht immer leicht abzuheben von dem so genannten **Panentheismus**, der behauptet, dass die Welt wohl in Gott sei, aber von der Weite des Göttlichen noch unendlich übergriffen werde (so im **Neuplatonismus** im 3. Jh. n. Chr.).

Fast gleichzeitig, mit der Gründung der stoischen Schule, kommt der Denkansatz **Epikurs** (431-370 v. Chr.). Auch seine Lehre sollte in der Spätantike weite Verbreitung finden.

Für Epikur, der eine gedämpfte **Lustlehre** (Hedonismus) vertritt, gibt es nur ein wesentliches Ziel: den Menschen von der **Angst** zu befreien, der Angst vor dem Leid und dem Sterben, von den Quälereien des Lebenskampfes, auch von dem, was nach dem Tode durch das Walten dämonischer Kräfte auf ihn zukommen könnte. Ängste der genannten Art bereiten den Menschen immer wieder Nöte. Epikur glaubt, so helfen zu können, dass er, mit Rückblick auf **Demokrit**, einen materialistischen **Atomismus** anbietet. Beim Tode des Menschen, so heißt es, lösen sich die Atomverbindung, die er darstellt, auf, und von seiner Ichhaftigkeit bleibt nichts zurück, was da noch leiden könnte. Epikur bietet das **Nichts** als Trost an – und erstaunlich viele haben das als einen erlösenden Gedanken empfunden. Die Fragen der **Theodizee** wie der Weltschöpfung treffen Epikur nicht. Er spricht zwar von Göttern, aber er lässt diese, die auch nur Atomverbindungen sind, zwischen den einzelnen Welten, von denen er eine Vielheit annimmt, ein heiter-unbekümmertes Leben führen. Sie haben die Welt weder erschaffen, noch greifen sie irgendwie lenkend ein. Entsprechend seiner Grundhaltung rät Epikur davor ab, sich irgendwie am Leben des Staates zu beteiligen und verweist auf ein „verborgenes Leben".

Der Name Epikur, der im Mittelalter begreiflicherweise nicht zu einer positiven Bedeutung gelangen konnte, wird zu Beginn der Neuzeit (besonders bei dem Franzosen Pierre **Gassendi**, 1592-1655) wieder entdeckt, und zwar in atomistischer Hinsicht. Jetzt tritt das antike Atomdenken in die Beleuchtung der modernen Naturwissenschaft.

Im letzten vorchristlichen Jahrhunderten kommt es oft zu sektenartigen, religiös bestimmten Vereinigungen von Menschen, so der **Neupythagoräer**. Charakteristisch ist für sie ein starker Jenseits- und Erlösungsdrang und eine Neigung zur **Mystik** (Augen schließen, sich versenken).

Der Mystiker meint, sich dem Göttlichen auf besondere Weise nähern zu können, indem er in einer überrationalen Versenkung mit dem Göttlichen verschmilzt, was in einem Zustand der **Ekstasis** (Verzückung, außer-sich-sein) geschehen könnte. Bei höchstem Gelingen kann es zur **Vergottung** des Menschen kommen, zu einem Zustand, in dem alle Gegensätze zwischen Gott und Mensch versinken. Solche Schau kennt der in Rom lebende **Plotin** (204-270), der Begründer des **Neuplatonismus**, der letzten großen Seinsdeutung, zu der sich der antike Geist im dritten nachchristlichen Jahrhundert noch einmal erheben konnte. Die Betonung der mystischen Schaumöglichkeit geht zusammen mit der **negativen Theologie**: mit begrifflichem Denken lässt sich Gott nicht fassen, darum können auch keine Prädikate von ihm ausgesagt werden. So nennt Plotin seinen Gott nur das „**Eine**" (gr. Hen).

Von einem derart gedeuteten Gott kann man auch nicht mehr sagen, dass er die Welt erschaffen hat. Bei Plotin findet sich nur die Vorstellung, dass sich innerhalb der göttlichen Seinsfülle die Welt durch eine Art von Ausströmung (**Emanation**) bildet, ohne dass dabei jene Fülle irgendwie gemindert wird, wie ein Licht nichts dadurch verliert, dass es in die Weite strahlt (**Pantheismus**). Jene Weltwerdung vollzieht sich in

Stufen, deren erste ein Geistwesen (**Nus**) ist, das als Hort und Heimat der Ideen Platons angesehen wird. Aus dem Nus (Gott?) emaniert die **Weltseele**, die sich dann in ein Gespinst von Einzelseelen auseinanderlegt. Die **Materie** ist das am weitesten vom Ur-Einen entfernte Prinzip. Der Mensch allein kann durch die Verwirklichung **sittlichen Seins** und schließlich durch die mystisch- ekstatische Versenkung in Gott dem Weltgeschehen eine Rückwendung geben.

Die mystische Geisteshaltung tritt in den folgenden Jahrhunderten immer wieder auf. Sie geht mit einer Betonung der Unzulänglichkeit des menschlichen Verstandes zusammen. Sie gelangt auch im Mittelalter zur Geltung. Der hier erhobene Anspruch auf den Primat (Vorrang) der Glaubensgewissheit scheint ja durchaus in ihre Nähe zu weisen. Aber die mystische Lehre, die im Mittelalter vertreten wurde, geriet doch oft in eine starke Spannung zu der von der Kirche gebilligten Einstellung, und zwar darum, weil der mystische Weg des Menschen zu Gott einsam ist, nur von dem in die **Ekstasis** sich Erhebenden betreten werden kann. Solche Vorgänge der Selbsterlösung aber kann die katholische Kirche nicht anerkennen, weil sie die Vermittlungsinstanz zu sein beansprucht, ohne die der Mensch zu seinem Heil nicht gelangen kann (**s.o.**).

Dennoch durchgeistern gewisse mystische Züge auch die Werke solcher Denker, die für die christliche Philosophie führend gewesen sind. Sie finden sich bei Aurelius **Augustinus** (354-430) sowie den vielen an ihn sich orientierenden Denkern des später gegründeten **Franziskanerordens**, sie zeigen sich in der Frühscholastik bei **Bernhard** von Clairvaux (1091-1153), der zu den Kreuzzügen aufrief, und in den Lehrgehalten des Klosters von St. Viktor in der Nähe von Paris (12. Jahrhundert). In der Hochscholastik ist es der

Dominikaner Meister **Eckhardt** (1260-1327), der mystische Lehren vorträgt. Seine Schüler sind Heinrich **Seuse** (gest. 1366) und Johannes **Tauler** (gest. 1361).

An der Schwelle zur Neuzeit hat wieder ein Großer der Kirche seinen Hang zur Mystik gezeigt: der Kardinal Nicolaus von Cues (**Cusanus**, 1401-1464), bei dem die **negative Theologie** in geistreicher Prägung auftritt. Er lehrt, dass das gewöhnliche und von der geläufigen Logik beherrschte Denken sich nur in **Gegensätzen** zu bewegen vermag. Wir können etwas nur groß nennen, indem wir es dem Kleinen gegenüberstellen usw. Gott aber ist als Urquell aller Dinge das Zusammenfallen der Gegensätze. Es bedarf eines höheren Schauvermögens, um sein Wesen erfassen zu können.

Im 17. Jahrhundert ist es, außerhalb der Kirche, der schlesische Schuster Jakob **Böhme** (1575-1624), von dem wir einen Komplex mystischer Schriften besitzen. Im 18. Jahrhundert tritt, unter der Vorherrschaft von rationalisierenden Tendenzen der **Aufklärung**, die mystische Geisteshaltung zurück, um zur Zeit der **Romantik** wieder durchzubrechen, sowohl in den Werken der Dichter dieser Epoche wie den Schriften des „Philosophen der Romantik“ F. W. J. **Schelling** (1775-1854), von dem wir noch sprechen werden.

4. Die Philosophie des Mittelalters

Das Denken des Mittelalters steht, wie schon gesagt, unter der Führung der **Theologie**, wobei es sich im Abendland hauptsächlich um die christliche, in der Umgebung des Mittelmeers um die **jüdische** und die **islamische** Theologie handelt. Diese waren gezwungen, die in der **Offenbarung** sich kundtuenden Gehalte mit Erklärungen der weltlichen Vorgänge zu verbinden, um alles zu geben, wonach hoffende, aber auch mit Wissensdrang ausgestattete Menschen verlangt haben. Auf diese Weise wird alles Philosophieren in den Dienst der Theologie gestellt, wobei man nicht ohne Rückgriff auf die Antike, vornehmlich auf Platon und Aristoteles, auszukommen vermochte. Es ist selbstverständlich, dass dabei die im Rahmen der griechischen Weltdeutung geprägten Worte eine **Sinnwandlung** erfuhren, wie die durch die Aufnahme des **Römertums** (s. oben).

Die Griechen kennen keinen Schöpfergott, dem das reine Nichts entgegensteht. Für ihre frühen Denker gibt es nur die Ahnung, dass alle Wesen, auch die Götter, aus dem **Nichts** zum Seienden aufgetaucht sind.

Mit **Platon** aber wird ein Wort bekannt, das für die Metaphysik wichtig werden sollte: das Wort **Ousia** (Ousiai), sprich: Platons Ideen – auch genannt **substantia**, womit die Metaphysik sich kundtut, um im Reich des **Seienden** das Bleibende und Zeitenthobene zu erörtern.

Metaphysische Gedankengänge treten in den Dienst der **Theologie** und überdecken gleichsam die Tiefe der ursprünglichen Bindung des Menschen an Gott. Daneben tritt ein Drang zur **Verkörperung** Gottes ein, bei dem das Geheimnis des Ursprungs durch die Nutzung von Worten verschleiert wird, die von unserer Welt ausgehen. Man bemüht sich allerdings, hier Vorsicht walten zu lassen. Es wird betont dass die Glaubensinhalte für den Verstand, für das gegenständlich-begriffliche Denken nicht fassbar sind. Dennoch werden heftige rationale Kontroversen ausgetragen, wobei über Gottes Eigenschaften, dessen Verhältnis zur Welt usw. diskutiert wird.

Die christliche Philosophie des Mittelalters zerfällt in zwei große Abschnitte: die **Patristik** als Zeit der „Kirchenväter" und jene, die erst im 9. Jahrhundert beginnt: die **Scholastik** (schulmäßige Beschäftigung mit den Wissensgehalten), innerhalb derer wir wieder die Früh-, Hoch- und Spätscholastik unterscheiden. Die Hochscholastik hat etwa um 1200 begonnen. Zur Zeit der Kirchenväter schon waren Konflikte aufgetreten zwischen katholischer Dogmatik und antiker Philosophie. Es waren Bedenken vorgetragen worden, ob nicht die aus dem Heidentum stammenden Lehren die überlieferten Evangelien gefährden könnten (**Tertullian**, 150-220). Andererseits wurde eingesehen, dass man auf die Lehren des Heidentums nicht gänzlich verzichten könne (**s.o.** Paulus als **Apostel für die Heiden**), oder anders: dass man sich – wegen der alttestamentlichen Schriften – auch auf das Heidentum stützen und von einer „vorchristlichen Offenbarung" sprechen müsse. Mit dieser ganzen Problematik überschneidet sich die später im Mittelalter immer wieder zur Geltung kommende Frage nach dem Verhältnis von **Wissen** und **Glauben**.

Neben Paulus, dem „Apostel für die Heiden", ist Aurelius **Augustinus** der wichtigste unter den patristischen Denkern. Er wurde 354 in Nordafrika geboren und starb 430 als Bischof. Zu seiner Bekehrung hat seine Mutter Monica in hohem Maße beigetragen. Mit seinen **Confessiones** (Bekenntnissen) besitzen wir eines der bedeutendsten autobiographischen Werke der Geistesgeschichte. Über Augustinus ist die

Verwebung christlicher und **platonischer** Gedanken gelaufen, wobei die letzteren überwiegend vom **Neuplatonismus** her aufgenommen wurden. Es geht Augustinus in leidenschaftlichem Aufschwung des Denkens nur darum, von Gott und von der Seele des Menschen zu wissen. In diesem Zusammenhang behandelt er in der Fülle seiner Schriften die Fragen der **Wahrheit**, der **Zeit**, der **Unsterblichkeit**, des **Übels** in der Welt und der **Freiheit des Willens**.

In der weiteren Entwicklung seines Denkens kommt es dann zu den Behauptungen, die am intensivsten mit seinem Namen verbunden sind und über ihn hinaus bis in unsere Zeit hinein wirken: den **Behauptungen** von der **Erbsünde** und der **Prädestination** (Vorherbestimmung). Beide begründen sein großes Werk über den Gottesstaat (**De civitate Dei**). Es heißt dort, dass Adam wohl, als erster Mensch, den freien Willen besessen hat, dass durch seine Sünde aber alle folgenden Menschen mit der Erbsünde belastet worden sind und sich nicht mehr aus eigener Kraft davon befreien können. Dies ist nur durch die auswählende Gnade Gottes möglich, die sich dem einen zuwendet (**Gnadenwahl**) und dem anderen nicht (**Paulus, s.o.**).

In der Schrift „De civitate Dei" wird ein Unterschied zwischen dem **göttlichen** (civitas dei) und dem **irdischen** Staat (civitas terrena) gemacht. Ersterer umfasst die Gesamtheit der von Gott **Auserwählten**, letzterer die Menge der **Verworfenen** (Verdammten). Und in einem großen Überblick über das Seinsgeschehen wird nun der Kampf der beiden Mächte geschildert, der schließlich mit der Erlösung der civitas dei und der endgültigen Verdammnis der civitas terrena endet.

An diese Aussage musste sich natürlich die Frage knüpfen, wieweit hier überhaupt noch von **sittlicher Selbständigkeit** des Menschen gesprochen werden kann. Wie schwierig dieses Problem aber auch zu lösen sein mag: die Lehren des Augustinus haben größte geschichtliche Tragweite gehabt, und zwar seltsamerweise auch in den **Dogmenentwüfen** der großen Führer der **Reformation** zu Beginn der Neuzeit (**Luther** und andere).

Besonders Jean **Calvin**, Genfs harter geistiger Herrscher (1509-1564), hat bei seinen religiösen Reinigungsbemühungen die Gedanken der Erbsünde und **Prädestination** leidenschaftlich betont, und vom Calvinismus aus gleiten seine Gedanken zum englischen und amerikanischen **Puritanismus** (purus: rein). Besonders die protestantische Kirche geht mit dieser Lehre ein schwerwiegendes Bündnis ein (Entstehung und Ausbreitung des **Kapitalismus**).

Für den Prädestinationsgläubigen gibt es keine wichtigere Frage als die, ob er selbst auserwählt oder verworfen sei. Und es bildet sich nun im Rahmen des **Puritanismus** die Vorstellung heraus, dass der **wirtschaftliche** Erfolg des Gläubigen als Zeichen seiner Erwähltheit gilt. Von da aus tritt der äußerlich Arme unter den Aspekt des von Gott Verworfenen (Verdammten), und diese Sicht hat vielerorts zu **asozialer** Haltung der Besitzenden und zu schweren **Grausamkeiten** an den Ärmsten geführt (**Kolonialismus**, Sklavenwirtschaft).

An die Phase der Patristik schließt sich die Frühepoche des scholastischen Denkens an. Dieses wird zunächst auf den **Kloster-** und **Domschulen** und dann im Bereich der **Universitäten** geübt, hauptsächlich unter der Leitung der katholischen Kirche. Da die Kirche, die sich als Mittlerin zwischen Mensch und Gott versteht, einen festen Komplex von Lehrmeinungen vortragen muss, so steht sie als **richterliche Instanz** über allen Denkbemühungen. Diese Tatsache führt dazu, dass sich eigentümliche Lehrmethoden entwickeln. Man diskutiert in großer logischer Strenge und Sauberkeit, aber so, dass man sich immer auf anerkannte Autoritäten bezieht. Soll eine Frage erörtert werden, so werden die Meinungen dieser Autoritäten gegenübergestellt. Der Disputierende kann sich für die eine oder die andere Meinung, immer durch die Großen gedeckt, entscheiden. Er muss dann aber zeigen, dass die abgelehnte Meinung im Grunde doch mit der verteidigten übereinstimmt, wenn man sie in die rechte Beleuchtung stellt (Ja- und Nein-Verfahren). Mit dieser Methode hängt auch die Entstehung bestimmter Literaturgattungen in der Scholastik zusammen, der Sentenzenwerke, Kommentare, Summen und Quaestionen.

Auch in der **Frühscholastik** ist **Platon** der Denker, an den hauptsächlich angeknüpft wird. Es kommt zu Kontroversen, die sich durch das ganze Mittelalter ziehen: zum **Universalienstreit**. Man fragt sich, welche Seinsweise die Griechen den **allgemeinen** Bestimmungen gegeben haben, sprich: den Universalien der Dinge, dem, was die spätere Logik dann „**Begriffe**" nennt, und nimmt hier selber Stellung.

Es entwickeln sich **drei Positionen**, die durch kurze Formeln bezeichnet werden. Dabei soll mit der Formel "universalia ante res" (Die Universalien sind **vor** den Dingen) die platonische Behauptung getroffen werden, dass die **Ideen** als Wesensgestalten ursprünglich schon existieren, wobei der christliche Gott nun übergeordnet ist. Der Satz „universalia in rebus" dagegen (Die Universalien sind **in** den Dingen) entspricht der aristotelischen Aussage, dass ein Ding durch Verwirklichung seiner Wesensgestalt zustande kommt. Man spricht hinsichtlich der ersten These von extremem und in Bezug auf die zweite These von gemäßigtem **Begriffsrealismus**. Im Gegensatz zu beiden steht der **Nominalismus**, mit der These „universalia post res“ (Die Universalien sind **nach** den Dingen). Das heißt, dass die Verwirklichung überhaupt nur im menschlichen Geiste geschieht, und zwar als Name für bestimmte Gruppen von Einzeldingen (no’mina), wobei gewisse übereinstimmende Merkmale bestimmend sind.

In der **Frühscholstik** überwiegt die begriffsrealistiche Einstellung, besonders bei **Wilhelm** von Champeaux (1070-1120). Doch es kommen auch Vermittlungsversuche zur Geltung (**Roscellin** v. Compiegne, 1050-1120). Von weiteren Gedankengängen dieser Epoche abgesehen, haben die Versuche des **Anselm** von Canterbury (1033-1109), die Existenz Gottes zu beweisen, große geschichtliche Tragweite gewonnen.

Es wird innerhalb des scholastischen Denkens die Frage, ob Gott existiere, als etwas angesehen, das sich nicht allein vom Glauben, sondern auch vom Verstande her beantworten lässt. Der berühmteste **Gottesbeweis** des **Anselm** geht davon aus, dass unser Intellekt die Idee Gottes als eines Wesen zu bilden vermag, „demgegenüber nichts Größeres vorgestellt werden kann“. Ein solches Wesen, heißt es weiter, darf nicht nur in unseren Gedanken, sondern muss auch in Wirklichkeit existieren. Denn ein wirklich existierendes „größtes“ Wesen ist sicherlich größer als ein nur in Gedanken vorgestelltes.

Wenn wir also „das Größte“ überhaupt denken können, so bezieht sich diese Vorstellung zwingend auf ein reales Wesen. Dieser **ontologische Beweis** ist zu Beginn des neuzeitlichen Denkens von **Descartes**, **Spinoza** und **Leibniz**, wenn auch modifiziert, aufgenommen worden. Immanuel **Kant** trachtet danach, ihn wie alle anderen Gottesbeweise zu widerlegen, aber wir treffen auf das ontologische Argument auch noch nach ihm.

Die **Hochscholastik** lässt sich gegen die Frühphase durch drei Ereignisse abgrenzen: die Entstehung der großen geistlichen Verbände des **Dominikaner-** und **Franziskanerordens**, die Gründung der Universitäten und die um 1200 beginnende **Übersetzung** vieler griechischer Werke in das Lateinische. Diese Schriften waren während der über das Abendland brausenden Stürme der Völkerwanderung hauptsächlich bei arabischen und jüdischen Religionsphilosophen bewahrt worden. Jetzt werden sie von Scholastikern aufgespürt und christlich kommentiert. Diese Aufnahme betrifft vor allem einen umfangreichen Komplex von Werken aus dem Umkreis des **Aristoteles**. Von nun an übertrifft der Einfluss des **Aristoteles** auf die Scholastik jenen des **Platon**. Am stärksten kommt er im **Dominikanerorden** zur Geltung, und zwar über die gewaltige Materialaufbereitung und Verwendung bei **Albertus** Magnus (1193- 1280) bzw. bei **Thomas** von Aquino (1225-1274).

Thomas benutzt das aristotelische **Vierursachenschema**, indem er es in den Geist des Mittelalters hineinzieht, mit dem Wesen des Schöpfergottes zusammendenkt und weiterhin so deutet, dass sich die christliche **Unsterblichkeit** mit ihm verbinden lässt. Er charakterisiert die Besonderheit der geistigen Wesen und innerhalb ihrer wieder die Einzigartigkeit Gottes. Er stellt fünf **Gottesbeweise** zusammen. Diese Beweise hat man **empirisch** genannt, weil sie alle von der Beschaffenheit der Welt auf die Notwendigkeit eines vollkommenen Schöpfers schließen. Zu den spezifischen Lehrstücken des Thomismus gehört der Hinweis auf die **Transzendentalien** des Einen, Wahren, Guten, d. h. Bestimmungen, die über den Kategorien liegen und im Organon erschienen sind.

Die Stufenlehre, die Aristoteles mit dem **Formgedanken** verbindet, wird zur Vorstellung einer umfassenden, gottgewollten Weltordnung bei Thomas. Dessen Schilderung vermittelt einen starken Eindruck der Geborgenheit, der sich an bildhaften Vorstellungen orientiert, wobei die **Kosmologie** des **Aristoteles** (geozentrisch) einbezogen bleibt. Wurde doch, was mit den religiösen Überzeugungen zusammenhängt, der Erde ein ausgezeichneter Platz, nämlich die Mittelstellung im Universum, zugewiesen, weil sich die **Erlösung** des Menschen dort vollzieht. Um diese Erde, deren Rückseite die **Hölle** trägt, kreisen Engel und Gestirne. Auch der Ort Gottes ist bezeichnet (vgl. „Die göttliche Komödie" von **Dante** Alighieri, 1265-1321).

Das thomistische Seinsgebäude wird mit mehr oder weniger Nachdruck im **Dominikanerorden** verteidigt. Die wesentlichen Streitgespräche werden mit Anhängern des Franziskanerordens geführt, so schon von Thomas selbst, und zwar in der – sehr würdig geführten – Auseinandersetzung mit **Bonaventura** (1221-1274). Es geht dabei um die Art der Gotteserkenntnis, die Besonderheit der Seele u.a.m. Ein späterer, sehr geistvoller Vertreter des Franziskanerordens ist Johannes **Duns Scotus** (1266-1308). Die grundlegende Streitfrage ist, ob hinsichtlich der Eigenschaften Gottes und des Menschen dem **Intellekt** oder dem **Willen** der Vorrang gebührt.

Für die **Spätscholastik** wird der Name des Engländers **Wilhelm** von Ockham (gest. 1350) repräsentativ. Er gilt, vom Universalienproblem her, als Vertreter eines scharfen **Nominalismus**. Ockham begründet in Oxford eine nominalistische Tradition, die dann zu den Vertretern des englischen **Empirismus** hinüberstrahlt.

Auf der Schwelle zwischen Mittelalter und **Renaissance** steht die Persönlichkeit des Nicolaus von Cues (**Cusanus**, 1401- 1474), der als Mystiker und Vertreter einer **negativen**

Theologie schon genannt worden ist (Fassung Gottes als coincidentia oppositorum). Es sei betont, dass im Denken des Cusanus die **Mathematik** zu einer besonderen Bedeutung gelangt, weil sie Analogien ermöglicht, die den Aufschwung des Geistes zur Übergegensätzlichkeit Gottes liefert: Lässt man die Peripherie eines Kreises unendlich groß werden, so wird sie zur geraden Linie, erstreckt sich die eine Seite des Dreiecks ins Unendliche, so müssen die anderen mit ihr zusammenfallen usw. Mit unserem Verstand lässt sich das Wesen Gottes nicht durchdringen. Aber da wir diese Unzulänglichkeit erfassen können, so sind wir doch gleichsam über sie hinaus, und unser Nichtwissen ist ein wissendes.

5. Die Philosophie der Neuzeit

Das entscheidende Phänomen, von dem her das neuzeitliche Philosophieren verstanden werden muss, ist das **Entgleiten** einer Bindung **zwischen Gott und Mensch**, wie sie Jahrhunderte hindurch bestanden hatte. Die Sphäre des Heiligen hat sich teils verschlossen, und der Mensch, der so seines inneren Haltes beraubt worden ist, muss nach neuen Stützen suchen. Zuerst versucht er, Gewissheit in sich selbst zu finden, seine Fähigkeiten zu erweitern. Dabei vergisst er mehr und mehr, dass nicht er sich selbst verdankt, sondern sich selbst nur vorfindet als ein Wesen, das mit allen Fähigkeiten des Fragens und Prüfens ausgestattet ist. Zuerst macht sich der Mensch zur Bezugsmitte der Welt, sieht diese Welt als Gegenstand an, der ihm zur Durchplanung und Umgestaltung in die Hand gegeben ist. Charakteristisch ist das Wort des Engländers Francis **Bacon** (gest. 1626) „Wissen ist Macht!" Der Mensch will Macht über die Natur erlangen, gibt sich der Überzeugung hin, dass solche Beherrschung höchst nutzbringend ist – und er lernt in langen Prozessen, wie viel Gefahren er dabei entfesselt.

Die Philosophie der Neuzeit spiegelt diesen Beherrschungswillen wider – vorerst in theoretischen Werken.

In einer Übergansphase, der so genannten **Renaissance**, zeigt sich die Umstellung des Menschen in einer ganzen Reihe von Bewegungen. Einmal kommt es zu hochkritischen Einstellungen innerhalb des theologischen Denkens selbst, so in den **reformatorischen** Strömungen. Dann wendet sich das Bewusstsein durch Werke, die wir als **humanistisch** bezeichnen, als Werke der antiken Kultur. Diese werden jetzt in griechischer Sprache – die intensiv gepflegt wird – aufgenommen, und man beachtet dabei gerade die Züge, die im Mittelalter nicht zur Geltung gekommen sind. Das Menschentum der Antike wird als Verkörperung freier Selbstgestaltung angesehen und liefert die Wesenszüge für ein **neues Menschenideal**. Diese Züge werden mit dem Christentum noch teils zusammengedacht, verwandeln dessen Geist aber beträchtlich. In Florenz kommt es zur Gründung einer **platonischen Akademie** (1438). Auch der **Aristotelismus** findet eine Wiederbelebung.

Der Eroberungsdrang des Menschen zeigt sich in den großen Entdeckungsfahrten, wie sie von Christoph **Kolumbus** (1446-1506), Vasco **da Gama** (gest. 1524) und anderen unternommen werden. Auch diese Entdeckungen hängen mit dem Absinken des Geborgenheitsgefühls zusammen. Religiöse Bindungen lockern sich, als die Astronomie in neuer Weise nach dem kosmischen Geschehen fragt und im Werk des Nikolaus **Kopernikus** (gest. 1543) zum **heliozentrischen Weltsystem** gelangt (Sonne als Mittelpunkt der Welt), wobei der Erde keine ausgezeichnete Stellung im Universum mehr zuerkannt ist. Die Relativierung, die das menschlich Seiende so erfährt, wird in den Visionen des Renaissancephilosophen Giordamo **Bruno** (1548-1600) weitergetrieben, den die Inquisition in Rom öffentlich verbrennt.

Bruno spricht – über Kopernikus hinausgehend – von einer Unendlichkeit der Sonnensysteme und setzt dieses All und dessen Fülle mit Gott gleich. Er ist der bedeutendste unter den Naturphilosophen der Zeit. Neben ihn treten, in Italien, aber auch in Deutschland, andere Persönlichkeiten, die sich den Erscheinungen der Natur zuwenden und dabei wichtige Einzelentdeckungen machen, doch Wissenschaftler im heutigen Sinne noch nicht sind. Sie deuten Geschehnisse in der Natur oftmals noch als Auswirkung magischer Kräfte und glauben teilweise, dass man diese Mächte durch Anwendung bestimmter Formeln zum Dienst zwingen könne. Dazu gehören in Italien Hieronymus **Cardamus** (1501-1571), Bernhardinus **Telesius** (1508-1588) und Tomas **Campanella** (1568-1639), der mit seinem Sonnenstaat eine der Utopien vorlegt, die im Staatsdenken jener Zeit entworfen worden sind. **Utopie** (Nirgendwo) ist die Bezeichnung eines Zukunftsstaats, wie ihn der Engländer Thomas More (1480- 1535) vorgelegt hat. Die Entwicklung der deutschen Naturphilosophie hat mit dem Arzt Theophrastus **Paracelsus** (1493-1541) begonnen.

Zu einem umfassenden Weltbild aber gelangte nur Giordamo Bruno. Er schildert seine Götterwelt als schönheitsdurchglüht. Dabei weist er auf deren unfassbare Weiten hin, betont aber zugleich, dass dieser Reichtum sich in den kleinsten Seinsprinzipien (**Monaden**) je spiegelt und abbildet. Im Übrigen hat er sich trotz seines Eintretens für die neuzeitliche Forschung dem Aristotelismus noch nicht ganz entwunden.

Zum bisher erwähnten Denken gehören zusätzliche Überlegungen. Wagt der Mensch, die Mächte der Natur in großem Ausmaß zu entfesseln, so könnte es sein, dass sie zurückschlagen, nicht mehr beherrschbar sind. Der Mensch muss also lernen vorsichtig zu sein. Zu dieser Vorsicht gehören **zwei** Voraussetzungen: es müssen **kausale** Zusammenhänge (**Ursache-Wirkung**) erkannt und mit Hilfe der **Mathematik** behandelt werden. So konnte die neuzeitliche, mit der Mathematik paktierende **Naturwissenschaft** entstehen, sodass der Mensch es wagen konnte, seinem Machthunger nachzugeben.

Der Beginn eines solchen Denkens liegt bei Galileo **Galilei** (1564-1642), der unter anderem die Fall- und Pendelgesetze entdeckte. Er fasste die Naturvorgänge **mathematisch** und betrieb Forschung mit einer Exaktheit, die nicht nur die Naturwissenschaftler, sondern auch die Philosophen seiner Zeit faszinierten. So entstand die „**Klassische Mechanik**“

als erste Phase der neuzeitlichen Wissenschaft. Ihre Weiterführung erlebte sie bei dem Engländer Isaak **Newton** (1642-1727).

Wir sagten oben, dass es das Kennzeichen moderner Wissenschaft sei, sich ein bestimmtes Gebiet innerhalb des Seienden abzustecken und einen Grundentwurf der entscheidenden Züge zu liefern. Galilei wandte sich gewissen Phänomenen der physikalischen Natur zu und definierte: Natur ist Bewegung, d. h. **raum-zeitliche Verschiebung von Massepunkten**. Die spätere Naturwissenschaft kommt mit dieser Definition nicht mehr aus, baute sie in neue und übergreifende Deutungen ein.

Auf staatsphilosophischem Gebiet vollzogen sich ebenfalls Wandlungen – schon in der **Renaissance**. Am krassesten kamen sie bei dem Italiener Niccolo **Machiavelli** (1467- 1527) zum Ausdruck. Er ging von der Leichtgläubigkeit und Erhaltungssucht der meisten Menschen aus und riet dem Herrscher, auf deren niedrigen Trieben zu spielen wie auf einem Musikinstrument, um die Staatsmacht abzusichern: religiöse Lehren sind nur Mittel zum Zweck, sind unblutige, aber wirksame Mittel, um das Volk von der **Gesetzgebung** fernzuhalten (**s.o.**). Gegner einer solchen Ideologie ist der Holländer Hugo **Grotius** (1583-1645), der eine **Naturrechtslehre** vertritt, die zu einer **Völkerrechtstheorie** werden sollte.

Am klarsten ist die wissenschaftliche Wende bei Ren´e **Descartes** (1596-1650) zum Ausdruck gekommen, der sich als der „Begründer der neuzeitlichen Philosophie" durchgesetzt hat.

Descartes hat sich selbst als die Bezugsmitte aller anderen Gegebenheiten gesehen. Entsprechend hat er seine eigene Existenz zuerst absichern wollen. Dies hat er in seinem

Hauptwerk, den „Meditationes de prima philosophia“ (Betrachtungen über die erste Philosophie) beschrieben, und zwar so, dass er sich selbst als Zweifelnder sieht.

Im Hinblick darauf entschloss er sich, sein ganzes vermeintliches Wissen kritisch zu durchleuchten und nur das anzuerkennen, was zweifelsfrei ihm einleuchtete (Wahrheitskriterium der unmittelbaren Einsichtigkeit).

Folglich rückte er das ganze Gebiet der Sinneswahrnehmung beiseite, denn die Sinne lassen sich oft genug täuschen. Er fragte sich, ob die physische Welt außerhalb seiner selbst überhaupt existiere, da jeder Mensch doch auch im Traume ein Bewusstsein habe. Im weiteren Verlauf der Philosophie hat diese Frage ein gesteigertes Gewicht bekommen. Denn von ihr aus haben sich die entgegengesetzten Standpunkte des erkenntnistheoretischen **Realismus** und **Idealismus** gebildet.

Der realistische (**materialistische**) Denker behauptet, dass die sinnliche Welt, zu der auch der eigene Körper gehört, außerhalb seines Bewusstseins natürlich existiere, wenngleich diese Welt vielleicht nicht genau so beschaffen sein mag, wie sie sich ihm darbietet. Der **idealistische** Denker hingegen behaupten, dass die Außenwelt nur im Bewusstsein existiere, also in der Weise des Vorgestellten.

Descartes glaubte bei der Aufzählung seiner Zweifelspunkte zunächst eine Rettung in der **Mathematik** finden zu können, zog aber auch sie in die Sphäre des Unsicheren hinein, indem er die Frage stellte, ob man **Gott** nicht für einen boshaften **Dämon** halten könne (Deus malignus), für ein Lügenswesen, das uns absichtlich in Täuschung treibe. Hier kam er zu der berühmten Feststellung: dass ich, um betrogen werden zu können, auf alle Fälle existieren muss. Mag die Außenwelt nur vorgestellt sein, mag ein Dämon mich unaufhörlich täuschen: damit er das kann, muss ich da sein, und zwar mit den Fähigkeiten des Wahrnehmens, Vorstellens, Fühlens, Wollens und Denkens, den Eigenschaften, die Descartes unter dem Wort **Cogitatio** (Bewusstsein) zusammenfasste (Cogito ergo sum oder: **indem ich denke, bin ich**).

Das vorliegende Gewissheitserlebnis der klaren und deutlichen Vorstellung wird nun zum Vorbild für eine zuverlässige Erkenntnis überhaupt. Alles, was ich so klar erkenne wie die Existenz meines eigenen Ichs, ist wahr. Descartes sammelte Grundwahrheiten, um vom Allgemeinen zum Speziellen gelangen zu können (**deduktives Verfahren**). Bei dieser Methode nahm er die Mathematik doch zum Muster. Es hatte sich bei den Ansätzen der neuzeitlichen Naturwissenschaft gezeigt, dass sich die Mathematik auf Vorgänge der Wirklichkeit anwenden ließ. Mit ihr ließ sich auch das **induktive Verfahren** entwickeln. Die Mathematik faszinierte die damaligen Wissenschaftler hauptsächlich deshalb, weil angenommen wurde, dass sich weiteres Wissen damit gewinnen ließe, im Gegensatz zu anderen Verfahren. Doch tatsächlich lässt sich immer nur wahrscheinliches Wissen gewinnen, da sich niemals alle **Wirkungen** erfassen lassen.

Die Grundlagen für sicheres Wissen können nicht aus der Erfahrung stammen. Auf die Frage, woher sie denn kommen, antworten die großen Rationalisten des 17. Jahrhunderts, also neben **Descartes**, **Spinoza** (1632-1677) und **Leibniz** (1646-1716), sie seien uns angeboren und im Wesen unseres Verstandes verwurzelt, wir bringen sie von vornherein mit.

Dabei betont **Leibniz**, dass sie zunächst unbewusst in uns schlummerten und erst im Laufe unserer Entwicklung mehr oder weniger zur Aufhellung gelangen würden. Das wesentliche aber bleibe, dass sie nicht aus der Erfahrung stammten. Von dieser Behauptung aus fächern sich wieder zwei gegensätzliche Standpunkte auf: der **Apriorismus** (erfahrungsunabhängig) und der **Empirismus** (erfahrungsabhängig).

Der Rationalist Descartes hat ein Weltbild geschaffen, das die Gesamtheit des Seienden widerspiegeln soll. Auch Spinoza und Leibniz haben ähnliche Weltbilder angeboten. Diese auf dem europäischen Festland lebenden Denker sind **Metaphysiker**.

In der Seinsdeutung des Descartes' existiert **Gott** als höchstes Wesen, als „**ungeschaffene Substanz**“. In der Region des von ihm Geschaffenen sind zwei Arten von **geschaffener** Substanz zu unterscheiden: **ausgedehnte** und **denkende** Substanz. Von hier aus vertritt Descartes einen **Dualismus** (Zweiheitslehre). Die denkende Substanz findet sich nur beim Menschen als immaterielle Geistseele. Alle anderen Wesen, und auch der menschliche Körper, gehören zur Region des Ausgedehnten, der Extensio. Hier gibt es nur **mechanische** (physikalische) Geschehensabläufe. Unter dem Einfluss des naturwissenschaftlichen Denkens (**Klassische Mechanik**) werden die Tiere als seelenlos angesehen: als **Maschinen**.

Im Menschen treffen die beiden Substanzarten unmittelbar zusammen. Nach Descartes existiert die Geistseele im Gehirn, in der Zirbeldrüse. Große Schwierigkeiten sieht er darin, sich eine Wechselwirkung zwischen den ganz verschieden Prinzipen – ausgedehnte Substanz und denkende Substanz – vorzustellen, und meint, dass man, wenn ein solcher Kontakt geschehe, mit göttlicher Beihilfe (assistentia dei) rechnen könne.

Die hier auftauchende „**Leib-Seele-Frage**" wird im 17. Jahrhundert als eines der metaphysischen Grundprobleme weiterbehandelt und zunächst in Richtung des sog. **Occasionalismus** (Gelegenheitslehre) erörtert. Hierher gehört Arnold **Geulinex** (1624-1669), der lehrt, dass Gott „bei Gelegenheit" die entsprechenden Vorstellungen in unseren Seelen entstehen lasse. Verwandt mit dieser Vorstellung ist jene des Franzosen Nicole **Malebrache** (1638-1715).

Den überzeugten Rationalisten steht in Frankreich Blaise **Pascal** (1623-1662) gegenüber, der als bedeutender Mathematiker die Begrenztheit des menschlichen Erkennens betont und in leidenschaftlicher Weise Christ sein will.

Was die Philosophie des Descartes anlangt, so sei noch betont, dass dieser Denker, der ja eine besondere Substanz als Träger des menschlichen Bewusstseins ansetzt, die menschliche **Freiheit** im Sinne eines Entscheidungsvermögens anerkennt.

An früherer Stelle haben wir von den Schwierigkeiten gesprochen, die entstehen, wenn versucht wird, die Entscheidungsfreiheit des Menschen mit der Existenz eines **allwissenden Gottes** zusammenzudenken. Mit der Begründung der „Klassischen Mechanik" tritt nun das Phänomen der **Freiheit** in eine neue Beleuchtung. Die Versuchung ist groß, dass man mechanische (physikalische) Erklärungsmuster allein heranzieht (**s.o.**). Bei Descartes war es schon das ganze Gebiet der physischen Lebenserscheinungen, doch machte er halt vor der menschlichen Seelentätigkeit. Hier gab es für ihn etwas Besonderes, das auf keinen Fall von naturwissenschaftlichen Prinzipien her gedeutet werden kann.

Trotzdem drängt der Geist der Neuzeit weiter, und es kommt schon bald zu Philosophien, in denen der Mensch ganz und gar als **Maschine** verstanden wird. Auf dieses Verständnis stoßen wir zuerst bei dem Engländer Thomas **Hobbes** (1608 –1679).

Auf **scheinbar** radikale Mechanisierung stoßen wir auch bei dem Metaphysiker Benediktus de **Spinoza** (1632-1677). Der Titel seines Hauptwerkes lautet „Ethica more geometrico demonstrata“ (**Ethik auf geometrische Weise**). Es lässt vermuten, dass hier ein Verfahren benutzt wird, wie es die Mechanik kennt. Das geschieht auch übergreifend, indem zunächst **Axiome** (unmittelbar einleuchtende Grundsätze) aufgestellt und danach Lehrsätze und deren Beweise vorgetragen werden. Im Gegensatz zur Unterscheidung von **geschaffenen Substanzen**, wie sie bei Descartes auftauchen, spricht Spinoza nur von **einer** Substanz der Gottesnatur und gibt so seiner Weltdeutung einen **pantheistischen** Akzent.

Weiter: Alle geschaffenen Substanzen treten bei Spinoza letztlich als **Attribute** (Eigenschaften) auf, die überall das Wesen der Gottsubstanz begleiten. Die **Leib-Seele-Frage** wird so gelöst, dass die Attribute zu den Menschen und Geschehnissen gehören, zu ihnen parallel laufen, da sie demselben göttlichen Seinsgrund entspringen. Für diese Erklärung der Vorgänge auf der physischen Seite der Welt zieht Spinoza rein mechanische Prinzipien heran, und es sieht zunächst so aus, als wolle er auch die seelischen Vorgänge ganz dem Mechanismus unterwerfen, wobei von eigentlicher **Freiheit** dann nicht mehr die Rede sein könnte. Dagegen lautet der Titel seines Hauptwerkes „Ethik …“, das weitgehend auch **metaphysische** Gedankengänge enthält. Von ihnen her endet die Schrift mit Hinweisen auf eine tiefste Schau des Göttlichen (**amor dei intellectualis**), sprich: auf die durch Versenkung erwachsende Liebe zu Gott. Von dort her ist es unmöglich, die Menschendeutung Spinozas als eine primitiv-mechanische anzusehen.

Das dritte große Weltbild, das im 17. Jahrhundert erscheint, ist die **Monadenlehre** des Gottfried Wilhelm **Leibniz** (1646-1716), einer Persönlichkeit von tiefem Wissen auf fast sämtlichen Geistesgebieten und zugleich von starker diplomatischer und politischer Regsamkeit. Leibniz' Weltdeutung stellt einen reinen **Spiritualismus** (Geistlehre) dar. Nach ihm gibt es nur eine Unendlichkeit von immateriellen Substanzen (**Monaden**), deren Leben im Vorstellen besteht. Sie sind unteilbar und können keine Einflüsse von außen empfangen, was auch nicht erforderlich ist, denn ihr Schöpfer hat sie mit Anlagen ausgestattet, die sie selbst nur zu aktualisieren brauchen. Auf sämtliche Monaden hat Gott diese Anlagen verteilt, sodass sie alle dieselbe Welt sich vorstellen, doch in jeder eine andere Perspektive haben (Gesetz der prästabilierten, der **vorherbestimmten** Harmonie). Raum und Zeit und die sonstigen Züge der materiellen Welt sind **Scheinerzeugnisse** unzulänglichen Vorstellens (s. unten **Kant**). Die erfahrbare Welt, die aus unausgedehnten Wesen nur besteht, ist die beste, die Gott hat schaffen können. In dieser Überzeugung schreibt Leibniz seine **Theodizee**.

Descartes, **Spinoza**, **Leibniz** schufen drei gewaltige **metaphysische** Weltbilder, die in entscheidenden Zügen voneinander abweichen. Ihre Schöpfer glaubten trotzdem, die eigene Meinung zwingend sichern zu können. Sie gingen nur von je verschiedenen Grundvoraussetzungen aus, hatten abweichende Meinungen darüber, welche **eingeborenen Ideen** als evidenter Besitz zu gelten habe. Von hier aus kam die ganze These des **Rationalismus** in ein Schweben. Und es war plausibel, dass von anderer Seite her der Kampf gegen die „**eingeborenen Ideen**“ aufgenommen und behauptet wurde, all unser Wissen stamme nur aus der Erfahrung (**Empirismus**).

Aus der grundlegenden Geisteshaltung des englischen Volkes

(protestantisch) geht hervor, dass sich der Empirismus dort entfalten konnte. Man sieht dessen Beginn bei Francis **Bacon** (1561-1626), der – zwecks Mehrung von Macht (Wissen ist Macht) – sowohl **Naturerklärung** als auch die Theorie eines **induktiven** Verfahrens forderte. Bei ihm wird oft übersehen, dass bei allem Wissen und allem Experimentieren immer schon ein bestimmter Frageansatz mitschwingen sollte.

Bacon steht noch nicht im Bezirk neuzeitlichen Denkens: er hatte nur geringe mathematische Kenntnisse und vermochte nicht vorauszusehen, was zur Berechenbarkeit der Natur gehören müsste.

Vom Engländer Thomas **Hobbes** (gest. 1679) wird dieser Mangel durchaus gesehen. Naturerklärung wendet er in radikalster Weise an, fasst das menschliche Wesen, die gesamte seelisch-geistige Tätigkeit, als **mechanische** (physikalische) Bewegung auf. Infolgedessen leugnet Hobbes die sittliche **Entscheidungsfreiheit**.

Wenn der Mensch als ein physikalisch funktionierendes Lebewesen gesehen wird, dann kann sein ganzes Streben und Handeln nur dem **Selbsterhalt** dienen. Hobbes sieht den Menschen folglich als ein ursprünglich egoistisches Wesen an und entwickelt von da aus seine **Staatstheorie** – hauptsächlich im Werk „**Leviathan**", das nach einem in der Bibel erwähnten Meeresungeheuer benannt ist. Die Menschen, die einzig physikalisch funktionieren, machen die Erfahrung, dass beim ursprünglichen „**Kampf aller gegen alle**" (bellum omnium contra omnes) niemand seines Lebens und Besitzes sicher sein kann. Infolgedessen einigen sie sich, verzichten teils auf eigene Macht, um sie der zentralen Instanz – dem **Staat** – zu überlassen, damit er eine Ordnung des Zusammenlebens schafft. Keine Nebenmacht darf ihn dabei stören.

So kommt es, wie bei **Machiavelli**, zum Gedanken der **absoluten Staatsmacht**. Die Handlungsfreiheit des Menschen ist eingedämmt (**s.o.**), was ja auch als zulässig erscheint, wenn der Staat als **Automat** gesehen wird. Nach Hobbes stellt er einen Kompromiss dar zwischen rein egoistischen Wesen.

Bei dem Empiristen John **Locke** (1632-1704) kommt es dann zum nachdrücklichen Kampf gegen die „**eingeborenen Ideen**", denen die festländischen Denker gefolgt sind. Nach Locke stammen alle Erkenntnisse aus der Erfahrung, die eine äußerlich-sinnliche ist (**sensation**), aber auch in der Rückwendung des Bewusstseins auf sich selbst (**reflexion**) entstehen kann. Der Verstand des Menschen verbindet die so aufgenommenen einfachen zu komplexen Ideen (**Aha- Erlebnisse**). Zu dieser Verbindung gehört die Vorstellung der **Substanz**.

Hier setzt eine Problematik ein, die über Locke hinaus bedeutsam werden sollte. Für den Empiristen kann nur das gültig sein, was sich auf die unmittelbare Erfahrung gründet. Nimmt man z. B. einen Apfel wahr, so scheint er mehr zu sein als ein Komplex sinnlicher Eindrücke. Wir vermuten, dass etwas außerhalb der Wahrnehmung da ist, was auch zu uns selbst gehören und unsere Wahrnehmung fundieren muss. Dieses Zugrundeliegende ist immer wieder als **Substanz** bezeichnet worden.

Locke behauptet nun, dass solche Substanzen angenommen werden müssen, weil unser Verstand sie benötigt, um bestimmte Eindrücke bilden zu können und andere nicht.

Doch Locke ist auch skeptisch hinsichtlich genauerer Erkennbarkeit dieser Substanzen. Nur „unbekannte Träger sind sie von bekannten Erscheinungen". Letztlich weist Locke das Hauptanliegen der Metaphysiker zurück, denn diese behaupten ja, das Wesen der Substanzen zu kennen, und Descartes, Spinoza, Leibniz und deren Anhänger hatten ausführliche Schilderungen über das Wesen der Substanzen gegeben.

Auf Locke folgt George **Berkeley** (1685-1753). Auch er geht von einem empirischen Ansatz aus, ist hinsichtlich der Substanzen aber radikaler als Locke. Die schon im Zweifel des Descartes aufgeworfene Frage nach der Realität der Welt wird von Berkeley im negativen Sinne beantwortet (**erkenntnistheoretischer Idealismus**: die Körperwelt ist nur **bewusstseinsimmanent**). Fragen wir, woher es denn komme, dass wir unsere Vorstellung nicht selbst wählen können und durchaus überzeugt sind, dass sie uns von anderem gegeben wird, so gibt Berkeley zu, dass das letztere vermutlich zutrifft. Wir erhalten die Vorstellung nicht durch das Wirken von realen Substanzen, sondern unmittelbar durch Gott.

Dieser stellt die physische Welt ununterbrochen vor und übermittelt uns jeweils Ausschnitte davon, die wir wahrnehmen. Dazu müssen aber wenigsten wir, als die wahrnehmenden Wesen, real existieren, und zwar, da alles Körperliche vorgestellt ist, als immaterielle Geistsubstanzen (spirits). In diesem Weltbild gibt es also nur geistige Wesen: Gott und die Menschenseelen. Somit stellt Berkeleys Lehre eine **spiritualistische** Metaphysik dar.

Wenn Berkeley sich noch gezwungen fühlt, geistige Substanzen anzunehmen, so sieht sein Nachfolger David **Hume** (1711-1776) eine mit empiristischen Ansätzen nicht zu verbindende Fehlannahme. Wir haben keinerlei Erfahrung über Substanzen. Was uns von uns selbst gegeben ist, sind Vorstellungen, die nur so lange da sind, wie wir sie haben. Für Hume fällt folglich auch die seelische Substanz weg.

Ein berühmter Schritt bei der Durchsetzung des Empirismus liegt in der Erörterung von **Kausalzusammenhängen**. Der Mensch geht davon aus, dass die regelmäßige Aufeinanderfolge von **Ursache und Wirkung** durch das Walten von Kräften bedingt ist. Hume zeigt, dass wir solche Kräfte niemals wahrnehmen. Die Erfahrung gibt uns immer nur eine zeitliche Aufeinanderfolge von Geschehnissen. Und weil wir uns an diese Folge gewöhnt haben, versuchen wir, sie durch Annahme von Kräften zu erklären, wobei uns eine Art von **Instinkt** leitet. Auf diese Weise reduziert sich das, was wir **Wirklichkeit** nennen, auf das Vorhandensein von Vorstellungen.

Mit der Philosophie Humes geht der Empirismus in den **Positivismus** über, also in einen Standpunkt stärkster Metaphysikfeindlichkeit, der in England zur herrschenden Strömung geworden ist und durch John Stuart **Mill** (1806- 1873) und Herbert **Spencer** (1820-1903) verbreitet wurde. In Frankreich kommt er in einer besonderen, von metaphysischen Annahmen durchsetzten und somit inkonsequenten Form bei Auguste **Comte** (1798-1857) zur Geltung, bis sich um die Wende zum 20. Jahrhundert wieder eine Umkehr zur Metaphysik zeigt, da hier das Weltbild des Henri **Bergson** (1859-1941) einen großen Einfluss gewinnt. Man zählt Bergson zu den sog. **Lebensphilosophen**, weil alles Seiende nach ihm aus einem schöpferischen Lebensquell (vital) hervorwächst.

Der **Positivismus** wird in Deutschland um die Wende zum 20. Jahrhundert in recht radikaler Form von Richard **Avenarius** (1843-1896) und Ernst **Mach** (1838-1916) vertreten. Im Anschluss an das Wirken Machs finden sich viele positivistisch eingestellte Philosophen in Wien zusammen (**Neupositivismus**, Wiener Kreis). Ein Denker, der starken Einfluss auf diese Gruppe gewinnt, ist Ludwig **Wittgenstein** (1889-1851).

Infolge der Okkupation Österreichs durch Hitler emigrieren viele dieser Philosophen nach England und Amerika, wo ihre Grundlehren weite Verbreitung finden. Charakteristisch ist dabei die Pflege einer besonders strengen Form von Logik, der **Logistik**, die mit Formeln nach Art der Mathematik operiert. Für England ist hier besonders Bertrand **Russel** (geb. 1872) maßgebend.

Die bisher unüberwundene Denkschwierigkeit, in die jeder Positivismus hineintreibt, ist die Lösung der **Intersubjektivitätsfrage**, d. h. des Problems, wie verschiedene Menschen sich der Gemeinsamkeit ihrer Erkenntnisse versichern können. Wenn alle Erkenntnisse auf sinnliche Erfahrung zurückzuführen sind, so steht jedem Menschen nur das zur Verfügung, was er selbst in dieser Weise aufnimmt. Dass die anderen Menschen auch sinnliche Eindrücke haben und welche, kann ja niemand unmittelbar miterleben. Ein jeder muss sich dabei auf die Aussagen, Gesten usw. der anderen verlassen. Tut er dies, so ist er gezwungen, die Grundthese des Positivismus im ersten Ansatz schon zu durchbrechen.

Tut er es nicht, so bleibt er in seine eigene Welt eingeschlossen. Letztlich zeigt sich, dass die positivistische These, jede Erkenntnis müsse auf sinnliche Erfahrung zurückgeführt werden, genau so willkürlich und unbeweisbar ist, wie jede andere **metaphysische** These.

Auf **Hume** zurückkommend, muss noch erwähnt werden, dass sich eine auf das **Sozialverhalten** gerichtet These bei ihm findet, die dann, wenn auch hier und da abgewandelt, bei vielen englischen Denkern des 18. und 19. Jahrhunderts offen zu Tage tritt. Es ist jene – hauptsächlich gegen Hobbes gerichtete – These, dass es neben den egoistischen auch noch **altruistische** Neigungen gebe (Sorge um den anderen). Das

Problem, dass egoistische und altruistische Neigungen in schwere Konflikte geraten, und die Frage, warum der Egoismus im Interesse eines gedeihlichen Zusammenlebens gezügelt werden müsse, wird im Grunde nicht beantwortet. Es fehlt bei diesem Problem der Hinweis auf die echte **Gewissens**-entscheidung des Menschen und damit auf dessen **Freiheit**!

Als besondere Form gilt die Lehre von den Sympatiegefühlen von Anthony Lord **Shaftesburie** (gest. 1713), welche die deutsche Dichtkunst stark beeinflusst hat. Shaftesbury zeigte sich als ein Gegner des Empirismus, da er eine **ästhetisch** bestimmte, zum **Pantheismus** neigende Metaphysik vertrat, die er in enthusiastischer Weise verkündete, immer wieder die Wohlgefügtheit der Welt preisend. Wie im All überhaupt, so entfaltet sich im Zusammenleben der Menschen eine zunehmende **Harmonie**, und zwar in Verwebung egoistischer und altruistischer Regungen. Die früher schon gestellte Frage, wie ein solches Zusammenleben möglich sein könnte, wird mit Verweis auf die von Gott gestiftete Einstimmigkeit im All beantwortet.

Mit **Locke** und **Hume** befinden wir uns schon im Fluidum der **Aufklärungszeit**, d. h. in einer Zeit, in der das Vertrauen auf die menschliche **Vernunft** besonders stark betont wird. Mit ihren großen Persönlichkeiten, vor allem Immanuel **Kant**, zeigt sich die Aufklärungshaltung als sehr wirkungsvoll, durch kleinere ist sie zu einer oberflächlichen Rationalisierung herabgesunken. Mit der Aufforderung zum selbständigen Gebrauch der Vernunft haben sich die Aufklärer gegen die Bevormundung des Menschen durch die **Kirche** und gegen den **Glaubensirrationalismus** gewendet (**s.o.**). Was sie selbst hingegen als vernünftig bezeichnet haben, ist an vielen Stellen auch keine „wertfreie“ Aussage im modernen Sinne.

Die Aufklärer wollten – den Theologen gleich – Werte vermitteln. Man bemühte sich in der ‚Französischen Revolution um Tugendwerte, doch „Werte“ können ohne Beteiligung des Gefühls nicht vollzogen werden.

Als der Führer der **französischen Aufklärung** gilt Francois Marie **Voltaire** (1694-1778), der vom englischen Empirismus beeinflusst wurde. Seinen Ruhm verdankte er seiner nicht ganz eindeutigen Stellung der **Kirche** gegenüber, deren Übergriffe er leidenschaftlich anprangerte. Bei ihm taucht eine besondere Art von **Deismus** auf. Mit diesem Wort wird etwas charakterisiert, was den religiösen Lehren keinen Atheismus entgegenstellt, sondern einen Gott der Vernunft. Von Voltaire wird die **Theodizee** in ein ironisches Licht gerückt (Candide: Parodie über „Die beste aller Welten“, s. oben **Leibniz**). Neben Voltaire ist die französische Aufklärung weitgehend von Denis **Diderot** (1713-1784) und Jean Baptiste **d'Alembert** (1717-1783) getragen worden (Herausgeber der Enzyklopädie).

Die Aufklärung hat sich auf staatsphilosophischem Gebiet dem Absolutismus unterwerfen müssen, es sei denn, dass dieser sich den Gesetzen der Vernunft bereitwillig fügte (Friedrich der Große: „**aufgeklärter Absolutismus**“). So sind demokratische und liberale Züge in den öffentlichen Diskurs geraten.

Von Lockeschen Konzeptionen angeregt, bringt Charles **de Montesquieu** (1689-1755) die Lehre von der **Gewaltenteilung** in die Öffentlichkeit. Ihr zufolge wird die diktatorisch-absolutistische **Entartung** des Staats vermieden, wenn die gesetzgebende (legislative), die ausführende (exekutive) und die rechtsprechende (jurisdiktive) Gewalt in verschiedenen Händen liegen.

Als bedeutende Gestalt in Frankreich gilt Jean-Jacques **Rousseau** (1712-1778), der sich überwiegend als Gegner der Aufklärung fühlte, ihr aber doch in bestimmten Zügen verbunden blieb. Seine Wirkung ist unerhört stark gewesen, und zwar auf verschiedenen Gebieten: auf die **Französische Revolution**, auf die deutsche Dichtung und die Entwicklung der Pädagogik. Auf die schädlichen Züge der (aufklärerisch gefärbten) Kulturentwicklung hat er gewiesen und das unverfälschte Wesen des **Naturmenschen** geschildert. Das bestmögliche Zusammenleben der Menschen hat er in der staatsphilosophischen Schrift „**contrat social**" beschrieben, wo das Phänomen des **Gemeinwillens** (volonte´ ge´ne´rale) auf die Volkssouveränität gestützt ist und die Freiheit des Einzelnen gewahrt bleibt. Ferner hat er Ratschläge über eine Religion des Gefühls und des Herzens gegeben. In seiner pädagogischen Schrift „Emile" kommen die kindlichen Züge im Menschen zum Ausdruck, dass man ihnen Rum geben müsse.

Innerhalb der deutschen Aufklärung ist der Philosoph Christian **Wolff** (1679-1754) die zwischen Leibniz und Kant stehende Persönlichkeit.

Die vernünftige Idee der religiösen **Toleranz** (Duldsamkeit) ist bei Gotthold Ephraim **Lessing** (1729-1771) zu finden (Ringparabel in „Nathan der Weise"), der von einer göttlichen Erziehung des Menschengeschlechts spricht, von einer geistlichen Lenkung der Geschichte, die durch Offenbarungsstadien hindurch zu einer Religion der **reinen Vernunft** führen würde.

Der größte Denker innerhalb der deutschen Philosophie des 18. Jahrhunderts ist der Königsberger Immanuel **Kant** (1724- 1804), dessen Entwicklung sich in geistigen Ausgriffen nach fast allen Wissensgebieten, besonders auch denen der Naturerkenntnis, vollzieht. Nach jahrzehntelangem Suchen, bei dem es immer wieder „Umkippungen“ gab, kommt er 1781 zur Niederschrift seines Hauptwerkes, der **Kritik der reinen Vernunft**, das weiteste Auswirkungen haben sollte. Im Hinblick auf das Schwanken der bisherigen Metaphysik will er sich an eine Prüfung der menschlichen Erkenntnismöglichkeiten begeben und insbesondere fragen, wie weit diese Erkenntnis rein, d. h. nach Kant erfahrungsfrei, also nur mit apriorischen Mitteln vorgehen könne, da allein die letzteren **allgemeines** und notwendiges Wissen gewährleisten. Eine Untersuchung, die sich auf die Möglichkeit **apriorischer** Erkenntnis bezieht, nennt Kant **transzendental** (übersteigen).

Kant unterscheidet zwei „Stämme“ unserer Erkenntnis, die **Sinnlichkeit** und den **Verstand**, die in den Kapiteln „Transzendentale Ästhetik“ und „Transzendentale Logik“ behandelt werden. Die letztere zerfällt wieder in die **Analytik** (Kunst der Gedankenzerlegung) als Lehre vom rechten Gebrauch des Verstandes und in die **Dialektik** (Kunst des logischen Seins) als „Lehre vom Schein“, d. h. den unzulässigen Übergriffen des Verstandes. Und während frühere Aprioristen als Rationalisten nur den Verstand mit **„eingeborenen Ideen“** ausgestattet sein ließen, nimmt Kant an, dass schon beim Zustandekommen unserer Sinnesanschauung eine Umformung der von außen kommenden Empfindungen stattfindet, und zwar in den Formen **Raum** und **Zeit**. Die „Dinge“, die „an sich“ vorhanden sind, haben also mit Raum und Zeit nichts zu tun (s. oben **Leibniz**). Da wir sie in jenen Formen aber auffassen müssen, bieten sich uns immer nur Erscheinungen dar.

Es bestünde nun noch – so war es ja von den rationalen Metaphysikern angenommen worden – die Möglichkeit, dass der Verstand mit seinen ureigenen **apriorischen** Mitteln das

Wesen der Dinge an sich erkennen könnte. Hier aber liegt die zweite große Veränderung des **Apriorismus** bei Kant vor.

Wohl ist der Verstand mit apriorischen Wesenszügen ausgestattet, den **Kategorien**. Kant gibt eine Tafel von **zwölf** solchen Urbestimungsmöglichkeiten an, so z. B. die **Denkformen** „Einheit, Vielheit, Substantialität, Kausalität".

Diesbezüglich sei auf Aristoteles gewiesen: auf dessen zehn **Aussageformen**, die wiederum an Platons **Wesensgestalten** erinnert, aber auch an die **Universalien** bzw. den **Nominalismus** im Mittelalter.

Für das Kantsche Denken ist charakteristisch, dass die genannten **Kategorien** gleichfalls Formungsmöglichkeiten sind, mit denen Inhalte **synthetisch** zusammengerafft werden (**Aha-Erlebnisse**, s. oben und unten). Der Verstand kann also nur arbeiten, wenn ihm solche Inhalte zur Verfügung stehen. Das Material, das sich ihm hier bietet, ist aber immer schon raum-zeitlich von unserem Anschauungsvermögen vorgeformt. So kann sich auch der Verstand nur auf Erscheinungen beziehen, kann von sich allein aus das Wesen der **Dinge an sich** niemals erfassen. Bemühungen, dies zu umgehen, sind „Erschleichungen" der Vernunft. Die **Transzendentale Dialektik** lehrt, dass Erkenntnisse hinsichtlich des Wesens der Menschenseele, der Welt im Ganzen und Gottes unmöglich sind.

Neben diesen Erkenntnissen erscheinen nun die **ethischen Lehren** Kants. Und hier bringt er, was geschichtlich gegenüber dem Ansturm des naturalistischen Denkens von **höchster(!)** Bedeutung ist, mit Entschiedenheit seinen Glauben an die **sittliche Freiheit** des Menschen zur Geltung. Er kann dabei auf die eben angeführte Behauptung verweisen, dass die **Kausalität** nur eine subjektive menschliche **Denkform** ist und gar nicht zum wahren Sein durchgreift, also auch nicht zum tiefsten Kern des Menschen, dessen intelligiblem (übersinnlichen) Charakter. Entscheidend für den Glauben an die Freiheit ist jedoch das Phänomen, dass der Mensch **ein Sollen(!)** erspüren und, durch die Pflichtforderung getroffen, seinen sinnlichen Neigungen **zuwider** handeln kann. Das aber müsste man als unmöglich bezeichnen, wenn er ein **kausal determiniertes** Wesen wäre, denn dann könnte er, als reines Triebgeschöpf, nur nach sinnlicher Selbsterhaltung, sinnlichem Glück streben.

An das Postulat der **Freiheit** schließen sich andere an, so die Postulate der Unsterblichkeit und der Existenz Gottes (nur als **regulative** Forderung). Kants grundlegendes **Sittengesetz**, der **kategorische Imperativ** (unbedingt) ist keine inhaltlich gefasste, sondern eine **formale** Norm, weil nur so sie **allgemein** und notwendig sein kann! Diese formale Norm lautet:

„Handle so, dass die Maxime (der Grundsatz) deines Willens jederzeit zugleich als Prinzip (**Synthese!**) einer allgemeinen Gesetzgebung gelten könne". (Anmerkung: Nur Synthesen erzeugen Aha-Erlebnisse, d. h. **allgemeine** Begriffe bzw. **allgemeine** Gesetze, s. mein 9. Buch).

Zu den Schülern und Hörern Kants gehörte Johann Gottfried **Herder** (1744-1803), der in seinem Werk „Ideen zur Philosophie der Geschichte der Menschheit" betont hat, dass sich in der Geschichte alles nach festen Gesetzen, aus natürlichen Bedingungen heraus entwickle – auch die Idee der Humanität. Von hier aus musste Herder mit Kant in **Konflikt** geraten, weil er die Besonderheit des Menschen als ein sittlich freies und aller Natur überlegenes Lebewesen nicht genügend zum Ausdruck gelangen ließ.

Dagegen musste der Kantsche Hinweis, dass von der **Würde** des Menschen nur dann gesprochen werden kann, wenn ihm die Möglichkeit des freien Handelns zuerkannt wird, auf alle diejenigen erlösend wirken, die sich dem Andrang der **kausal**-naturalistischen Deutungen in ihrer Zeit widersetzt haben. Aus eben diesem Grunde fühlte sich der junge Johann Gottlieb **Fichte** (1762-1814) von der Kantschen Ethik leidenschaftlich angezogen.

Fichte ist der erste Repräsentant jener Richtung, die man als Philosophie des **deutschen Idealismus** ansieht und deren größte Vertreter, neben ihm, **Schelling** und **Hegel** sind. Diese Denker kommen erneut zu metaphysischen Systembildungen, in denen das Phänomen der menschlichen **Freiheit** seinen klaren Sinn wieder verliert. Wenn aber der einzelne Mensch, auf dessen **Sittlichkeit** es hier ankommt, in den über ihn waltenden Prozessen nur eingebaut ist – und solche Annahmen treten jetzt vermehrt auf – so sind freie Entscheidungen nur noch begrenzt möglich.

Eine solche Annahme wird schon bei Fichte offenbar. Er geht zwar von der Behauptung aus, dass jeder **Determinist** ein innerlich schwacher Mensch sei, weil nur ein solcher es ertragen könne, als unmündig erklärt zu werden (was für eine Philosophie man wählt, hängt davon ab, was für ein Mensch man ist). Doch Fichte kommt in seiner „Wissenschaftslehre", die in verschiedenen Varianten vorliegt, zu einem Ansatz, bei dem die menschliche Freiheit schließlich doch versinkt. Seine Philosophie ist deshalb **idealistisch**, weil die physische Außenwelt nicht real, sondern als Setzung des Ichs angenommen ist.

Auch der Inhalt der Erkenntnis ist aus dem Ich abgeleitet. Dies setzende Ich wird als ursprüngliche Aktivität,

Tathandlung bezeichnet. Mit ihm ist nicht der einzelne Mensch gemeint, sondern ein Ur-Ich oder „**absolutes Ich**“. In den späteren Varianten der „Wissenschaftslehre“ läuft das absolute Ich immer mehr auf eine **Vergottung** hin. Ist auch die Außenwelt nur vorgestellt, so hat der einzelne Mensch doch den Glauben an ihre Realität. Und nur darauf kommt es Fichte an: auf das sittliche Handeln.

In diesem Weltbild wird die **Freiheit** zwar nicht durch die Naturkausalität bedroht, denn die Natur ist nur Vorstellung, wohl aber dadurch, dass hinter den Menschen das „absolute Ich“ wirksam ist, das Sittlichkeit letztlich verwirklichen möchte. Der Einzelne ist Teilmoment und wird von einem übergreifenden Prinzip gesteuert (Determinismus, **s.o.**).

Ähnlich wie Fichte erkennt Friedrich Wilhelm Josef **Schelling** (1775-1854) die Möglichkeit an, aus dem Ich die Vorstellungen von der Außenwelt zu deduzieren. Jenseits davon aber lässt er die Welt in sich selbst bestehen und legt eine Reihe von Werken vor, wo er deren Wesen irgendwie schildert. Diese Werke stehen in geistiger Wechselwirkung mit Ausführungen romantischer Dichter und Denker. Die Natur wird als ungeheurer **Organismus** gesehen. Zur Deutung der Einzelerscheinungen dient das Prinzip der **Polarität**, auf das man seit der Entdeckung des **Magnetismus** und der **Elektrizität** aufmerksam geworden ist und das Schelling nun in teils sehr **phantastischer** Weise auf eine Fülle von Phänomenen bezieht. Dabei ist vom unbewussten Walten des Geistes in der Natur die Rede, und es wird aufgezeigt, dass dieser Geist allmählich zu höheren Formen aufsteigt und beim Menschen bis zur Stufe des Selbstbewusstseins gelangen kann. Gibt es also einmal den Weg von der Natur zum Menschen und andererseits vom Menschen zur Vorstellung der Natur, so muss letztlich angenommen werden, dass hinter diesen Tätigkeiten etwas Göttlich- Absolutes steht, das sich in seiner Entfaltung von Natur und Geist auseinanderlegt (**Identitätsphilosophie**).

Zu der Epoche, von der wir hier sprechen, gehört auch Wilhelm **von Humbodt** (1767-1835), der bedeutende Organisator des preußischen Bildungswesens, der in seinen Werken das berühmte, für die Pädagogik maßgebende **Humanitätsideal** umkreist. Nach dem Ideal der Antike soll sich der Einzelne zu einem harmonischen **Kunstwerk** entwickeln, und zwar durch Ausbildung aller seiner Anlagen und durch Nutzung möglichst vieler Seiten der realen Welt.

Schellings Wirken wurde in den Schatten gestellt von Georg Wilhelm Friedrich **Hegel** (1770-1831), der an der Berliner Universität mit fast diktatorischem Einfluss lehrte. Hegel hat sich gegen die unbestimmten und verschwommenen Intuitionen bei Schelling gestellt. Nach ihm muss alles **Seiende** vom begrifflichen Denken durchdrungen werden, und zwar darum, weil es selbst Entfaltung der **absoluten Idee** resp. des **Weltgeistes** ist. „Was vernünftig ist, das ist wirklich, und was wirklich ist, das ist vernünftig" (dies bedarf einer **Modifikation**, s. mein 5. Buch). Der Mensch hat die „Anstrengung des Begriffs" auf sich zu nehmen, um das Weltwerden der absoluten Idee zu begleiten, ein Werden, in das die Entstehung des Menschen mit hineingehört (s. oben **Platon**).

Dies Werden kann nach Hegel nur gelingen mit Hilfe einer neuen Methode: des **dialektischen Verfahrens**. Die Dialektik, die schon im Denken Kants eine gewisse Rolle gespielt hat und die auch bei **Fichte** und **Schelling** auftaucht, wird bei **Hegel** zum allumfassenden Werkzeug. Der Denker geht so vor, dass er zu einem Begriff (**Thesis**: Satz), um ihn klar zu fassen, dessen Gegenteil (**Antithesis**) formuliert, also mit dem Widerspruch arbeitet, und beide Begriffe unter einem höheren Begriff (**Synthesis**) zu vereinen versucht. Da die Synthesis immer wieder zur Thesis wird und nach einer neuen Antithesis verlangt, schraubt sich das Denken schöpferisch in die Höhe.

Die dialektische Methode hat praktische Anwendung gefunden, z. B. bei der Rechtsanwendung: Verteidiger – Staatsanwalt – Richter oder bei der Gesetzgebung: Regierung – Opposition – erlassenes Gesetz (s. oben **Montesqueu**).

Das Denken Hegels geht nun dahin, dass die Entwicklung der absoluten Idee in gleicher Weise sich vollzieht, nämlich durch ständiges Auseinanderlegen von Gegensätzen und Stiften von vermittelnden Synthesen, was in der Entfaltung der Natur und des Menschengeistes geschieht. Die „Macht des Negativen" ist das treibende Prinzip, das wahre Leben des Weltgeistes, wobei neben dem Sein das **Nichts** zur entscheidenden Geltung kommt. Der dialektische Dreiakt zeigt sich zunächst in der Grundgliederung der Hegelschen Philosophie, nämlich in **Logik**, **Naturphilosophie** und **Geistesphilosophie**. In der Logik wird die absolute Idee in ihrem „An-sich-sein" behandelt, indem die logischen Bestimmungen rein als solche verfolgt werden. In der Naturphilosophie wird der Geist in seinem „Anderssein" aufgespürt und schließlich in der Philosophie des Geistes in seiner Menschwerdung, über die hinweg er zu seinem „An- und-Für-sich-sein", d. h. zum Begreifen seiner selbst gelangen kann, was seine Vollendung wäre (**Ende der Geschichte**).

Das Hegelsche System ist eines der umfassendsten in der Neuzeit. Dieser Denker wendet sein Grundverfahren, die Dialektik, in genauen und höchst reichhaltigen Ausführungen auf alle Gebiete des **Seienden** an: auf die Phänomene des Anorganischen und Organischen in der Natur, die seelischen

Phänomene und die geistigen Schöpfungen der Geschichte, Kunst, Religion und Philosophie selbst. Das ganze Werk stellt einen unerhört kühnen Bau dar, der, wenn man darüber hinwegsieht, dass es sich um einen rein spekulativen, d. h. keineswegs beweisbaren Grundansatz handelt, bestechen kann und Hegels geistige Position in seiner Zeit verständlich macht.

Zu erwähnen ist, dass Hegel im Rahmen seiner Geistesphilosophie einen Begriff geprägt hat, der bis auf unsere Gegenwart verwendet wird: den Begriff des **objektiven Geistes**. Dieser bezeichnet ein Phänomen, das gleichsam zwischen dem Weltgeist und den menschlichen Einzelgeistern steht: eine überindividuelle, in der Geschichte entstehende und wieder vergehende Potenz, auf die es zurückzuführen ist, dass die Angehörigen eines Volkes die gleichen Auffassungen des Rechts und des Ethos haben. Im objektiven Geist wurzeln die **Staatsordnungen**.

Hegel selbst hat von hier aus den preußischen Staat metaphysisch gerechtfertigt! Die **Freiheit** als sittliche Entscheidungsmöglichkeit ist bei einer solchen Seinsdeutung natürlich versunken (**s.o.**). Im Ganzen kommt sie nur dem Weltgeist zu, und die Geschichte ist ein „Fortschritt im Bewusstsein der Freiheit". Im Grunde aber ist über das Individuum schon verfügt: es glaubt zwar, seine eigenen Interessen zu besorgen, seine Handlungen aber sind nur eine „List" der **absoluten Idee**.

Der mächtige Hegelsche Entwurf erzeugte einen geistigen Wirbel, von dem aus verschiedene Strömungen sich gebildet haben.

Zu einer Opposition gegen metaphysische „Systeme" überhaupt und gegen Hegel als letzten Begründe eines solchen kommt es bei einem Denker, dessen kurzes Leben sich in der ersten Hälfte des 19. Jahrhunderts vollzieht und dessen Aussagen dann in Vergessenheit geraten sollten, um erst in den verschiedenen Richtungen der gegenwärtigen **Existenzphilosophie** wieder hohe Bedeutung zu gewinnen, dem Dänen Sören **Kierkegaard** (1813-1855). Der Titel seines Hauptwerkes „Entweder – Oder" weist auf die Situation des Menschen als eines Wesens hin, das immer in das Wagnis der **ethisch-religiösen** Entscheidung geworfen ist. So wird der existierende Denker dem bloß rationalen gegenübergestellt.

Das Wort „**Existenz**" bekommt hier eine neue Bedeutung. Es meint nicht einfach ein Vorhandensein, sondern eine Echtheit, die das eigentliche **Sein** des Menschen betrifft.

Der existierende Denker wird durch sein Denken verwandelt, seine **Wahrheit** ist von **subjektiver** Art, und zwar in dem Sinne, dass er sich verpflichtet fühlt, diese durch sein Leben und Sterben zu bezeugen. Der Vertreter einer bloß objektiven Wahrheit kann im existentiellen Sinne ein höchst minderwertiger Mensch sein. Objektive Wahrheit lässt sich übermitteln, von Mensch zu Mensch weitergeben, subjektive Wahrheit bedarf der indirekten Mitteilung, wobei Kierkegaard auf **Sokrates** weist. Er selbst will immer wieder, von bestimmten menschlichen Haltungen ausgehend, den Leser in die Selbstbesinnung treiben, denn der Entschluss zum Ernst und zur inneren Lauterkeit muss letztlich von jedem Menschen selbst vollzogen werden. Von hier aus gewinnt die Kategorie des „**Einzelnen**" eine große Bedeutung. An vielen Stellen spricht Kierkegaard von der **Angst**, die bei ihm als Angst des Menschen um sich selbst, um seine Reinheit, zu verstehen ist.

Mit dem Zustand des dänischen **Kirchenchristentums** der damaligen Zeit hing es zusammen, dass Kierkegaard sich trotz seiner seelischen Verletzlichkeit in einen schweren, ihm Spott und Hohn bescherenden Kampf begeben musste. Seine überaus geistreichen Schriften künden von der Auslaugung und **Veroberflächlichung** der Menschen, die sich Christen nennen und ihre Religion als eine gesellschaftliche Angelegenheit behandeln, ohne etwas von der **Resignation** und **Verzweiflung** des einzelnen Menschen zu ahnen.

Kierkegaard fordert den echten Glauben, der den Menschen zum Märtyrertum bereit sein lässt. „Verkleisterung“ und „Verfälschung“ ist für ihn, dass **Hegel** das Christentum in seinen Weltprozess hineingezogen und zu einem geschichtlichen Phänomen unter anderen gemacht hat. Hier wird nach Kierkegaard in rationaler Vermittlung über den „Sprung“ hinweggedacht, den der Mensch zu leisten hat, wenn er von der Sphäre des Geschichtlich-Zeitlichen zur Ewigkeit kommen will. Gerade das „Ärgernis“, dass Christus in so ärmlicher Weise in der Welt aufgetreten ist, gerade das Widersprüchliche der Glaubensgehalte muss angenommen werden. Diese Entscheidung erfolgt in **Freiheit**, lässt sich in kein philosophisches „System“ einbauen. Sie ist schon vergessen, wenn man das **Sein** insgesamt begrifflich beschreibt. Dies Wagnis der existentiellen Entscheidung lässt „Paktieren“ mit anderen Menschen nicht zu, durch die man sich entlastet fühlen könnte. „Die Menge ist die Unwahrheit.“ Diesen Gedanken hat Kierkegaard gegenüber allem Bündler- und Sektierertum, aber auch gegenüber der offiziellen Kirche immer wieder betont.

Bei dem dänischen Denker schlägt die Hegelsche Methode in eine **Zweitaktdialektik** um, die nichts mehr mit einer objektiv-rationalen Schilderung des Weltprozesses zu tun hat. In einem anderen Sinn wird sie in der so genannten **Hegelschen Linken** weitergetragen, die sich als die bedeutendste Strömung nach Hegel entwickeln sollte.

Zur Hegelschen Linken zählen David Friedrich **Strauß** (1808-1874), der die Berichte der Evangelisten als Erfindungen deutet, und Ludwig **Feuerbach** (1804-1872), der Vertreter eines materialistischen **Atheismus**, der trotz dieses Ansatzes die Liebesbindungen zwischen den Menschen betont.

Die bedeutendste Erscheinung der Hegelschen Linken ist Karl **Marx** (1818-1883). Durch ihn und seinen Freund Friedrich **Engels** (gest. 1895) vollzieht sich jene Umbildung des Hegelianismus, die als **dialektischer Materialismus** unerhörten Einfluss gewinnt und, wenn auch in wiederholten Neubestimmungen, zum geistigen Fundament der **kommunistischen Lehre** werden sollte. Marx übernimmt von Hegel die **dialektische Methode**, bezieht sie primär auf die Entwicklung der wirtschaftlichen **Produktionsverhältnisse** und damit auf die menschliche Arbeit als Mittel der physischen Erhaltung. Der **Überbau-Unterbau-Lehre** zufolge hängt alle geistige Entwicklung von den ökonomischen Prozessen ab – eine direkte Umkehrung der Hegelschen Metaphysik (s. mein 1. Buch).

Die Dialektik wird mit dem Problem des **Klassenkampfes** verbunden und erlaubt so scheinbar eine einleuchtende Anwendung. Dabei wird vergessen, dass keine beweisbaren Voraussetzungen dafür vorliegen. Man wähnt bei der Anwendung des Verfahrens wissenschaftlich vorzugehen, und wertet dies sogar als wichtiges Propagandamittel. Ja, es wird überdies die Position des Wissenschaftlers usurpiert, wenn der dialektische zum **historischen Materialismus** ausgebaut und eine im Grunde **utopische Geschichtsphilosophie** angeboten wird, derzufolge die Entwicklung durch eine Reihe von Klassenkämpfen zur klassenlosen Gesellschaft führt. Hier liegt eine verborgene Vergöttlichung der Geschichte vor: es muss ja, wenn mit Gewissheit verkündet wird, dass der Prozess so verläuft, ein **Prinzip** angenommen werden, welches das

Ganze steuert. Dennoch meint man, einen scharfen **Atheismus** verkünden zu können. Auf alle Fälle handelt es sich um ein **metaphysisches** Denken, wenn dies auch offiziell verdammt und als „ideologisch" bezeichnet wird. Man sieht in der Metaphysik bzw. der Religion nur Druck- und Vernebelungsmittel, welche die herrschende Klasse der unterdrückten gegenüber anwendet. Die unwissenschaftliche Einstellung, die hier vorliegt, zeigt sich am klarsten darin, dass eine einzige Methode zur Behandlung aller Erscheinungen benutzt wird.

Der dialektische und historische Materialismus ist – gleich der Hegelschen Philosophie – deterministisch (**s.o.**). Der Begriff der „**Notwendigkeit**" wirft gleichfalls große Probleme auf: die Führung der kommunistischen Partei darf gegenüber den Personen und des Volkes insgesamt „**notwendig**" handeln – auch bei gesellschaftlichen Missständen und berechtigten Forderungen des Volkes.

Als Gegner Hegels ist weiterhin Arthur **Schopenhauer** aufgetreten (1788-1860), dessen Werk „Die Welt als Wille und Vorstellung" schon 1819 erschien, aber, nicht ohne Schuld des angriffsfreudigen Verfassers, zunächst totgeschwiegen wurde und erst später, ab der Mitte des Jahrhunderts, einen überraschenden Einfluss gewonnen hat. Die Opposition gegen Hegel und den deutschen Idealismus überhaupt wird bei Schopenhauer durch dessen tief pessimistische Lebenseinstellung getragen. Für ihn ist – in Anlehnung an **Kant** – die materielle und raum-zeitliche Welt nur eine subjektive Erscheinung. Von der Tiefe des persönlichen Gefühls her erschließt sich ihm, dass der Kern des **Seins** und aller wahrnehmbaren Dinge nur Wille ist (**Voluntarismus**: Willenslehre). Bei der Schilderung dieses Weltwillens herrschen düstere Töne vor (Lehre vom Leiden und der Schlechtigkeit der Welt, s. oben **Epikur**).

Bei Schopenhauer ist alles Wollen ein Hinweis auf Not und Entbehrung. In allem Seienden ist der Wille ein und derselbe (**Monismus**: Einheitslehre), doch bei der Verwirklichung in toten und lebendigen Wesen hadert er mit sich selbst, vornehmlich im Bezirk der Menschheit. Hier aber gibt es die Möglichkeit, die ganze **Seinsqual** zu beenden. Denn durch den Verstand des Menschen hindurch begreift der Weltwille, dass er sich selbst nie etwas anderes als Leid zu bescheren vermag, und in überlegenen Menschen kann es zum Entschluss kommen, sich aufzuheben. Das geschieht so, dass jene Menschen zu einer Haltung der **Askese** kommen und auf ihre Fortpflanzung verzichten. Unter Heranziehung **buddhistischer** Lehren verweist Schopenhauer auf die Möglichkeit, die Willenswelt in das **Nirwana** (Erlöschen) überzuführen.

In seinem Werk hat Schopenhauer bedeutende Ausführungen der **Kunst**, insbesondere der **Musik**, gewidmet. Sie haben auf Richard **Wagner** stark gewirkt, bei dem der Nirwanagedanke vornehmlich im „Ring der Nibelungen“ (Götterdämmerung) und in „Tristan und Isolde“ zum Ausdruck gekommen ist.

Zur Jahrhundertmitte hin sinkt das idealistische Denken immer mehr zusammen. Das Interesse der Neuzeit für große metaphysische Entwürfe hat im Bewusstsein der Menschen einen geringeren Stellenwert eingenommen.

Andererseits zeigt sich der denkende Geist des 19. Jahrhundert in einem enormen Fortschritt der **Naturwissenschaften**. Von ihnen aus – als **kausal** gerichtete Disziplinen – entwickelt sich bis auf unsere Zeit hin eine gleichsam untergründig wirkende **deterministische** Metaphysik. Man nimmt an, dass alles Geschehen, auch das seelisch-geistige im Menschen, nach strengen **Gesetzen** im Sinne von regelmäßigen **Ursache-Wirkungs**-zusammenhängen verläuft. Dieser Determinismus wird oftmals von Ärzten, Psychologen u. a. als etwas Selbstverständliches angesehen, ohne dass sie sich klar darüber sind, dass sie eine metaphysische These vertreten. Denn mit wissenschaftlichen Mitteln lässt sich die **Gewissens-**freiheit als Möglichkeit des Menschen weder leugnen noch beweisen. Dieser Determinismus geht im Grunde mit einem **naturalistischen** Denken zusammen.

Um die Jahrhundertwende wird die weit verbreitete metaphysische Einstellung in sog. **Monismen** offen zum Ausdruck gebracht, so bei dem Biologen Ernst **Haeckel** (1834-1919) im materialistischen, so bei dem Physiker Wilhelm **Ostwald** (1853-1932) im energetischen Sinne.

Bei gewissen Denkern des 19. Jahrhunderts kamen der mächtigen naturalistischen Strömung gegenüber noch ältere Standpunkte zur Hilfe: bei Rudolf Hermann **Lotze** (1817- 1881), Gustav Theodor **Fechner** (1801-1887), Eduard von **Hardmann** (1842-1906) und Wilhelm **Wundt**, der als Vertreter einer Willensmetaphysik galt und führender Psychologe war. Zu einer die Universitätssphäre überschreitenden Wirkung gelangten diese Denker kaum.

Auch andere philosophische Werke haben nur Fachwissenschaftler erreicht, so die Werke, die dem **Neukantianismus** zuzurechnen sind. Hier kam es, von verschiedenartigen Kantdeutungen aus, zu Erörterungen von Einzelfragen, wie des Wertproblems. Neben dem Rückgriff auf Kant kam es zur Wiederbelebung Fichtes und Hegels. Ein **Neuhegelianismus** liegt in unserem Jahrhundert bei Theodor **Litt** (1880-1962) vor.

In der zweiten Hälfte des vorigen Jahrhunderts treten neben den Bestrebungen des Neukantianismus **positivistische** Tendenzen auf.

Ein Deutungsversuch von Wahrheit ist der so genannte **Pragmatismus**. Pragmatische Denker leugnen, dass Wahrheit etwas Bleibendes, Immer-Gültiges sei. Wahrheit ist vielmehr Hilfsmittel im Lebenskampf, ist nur Behauptung, die sich als brauchbar erweist, und zwar für begrenzte Zeit.

So wird Wahrheit relativiert, ihr Wert als praktisch-sinnlicher Nutzen gesehen. Der **Lüge** ist damit Tür und Tor geöffnet. (s. mein 13. Buch, **Leviathan**).

Die mächtigste Geistesgestalt in dieser Epoche ist Friedrich **Nietzsche** (1844-1900), dessen Werk schweren Missverständnissen ausgesetzt war und auch heute noch nicht voll verstanden ist. Das Grundmotiv seines Schaffens ist die Verzweiflung am Menschentum seiner Zeit, welches er als ein herabgekommenes, **dekadentes** ansieht. Von immer neuen Gesichtspunkten her beleuchtet er die inneren Mängel einer von Gleichmacherei und physischer Verzärtelung durchdrungenen Epoche, in der der Mensch keinen großen Aufschwung mehr kennt, keinen „Stern" mehr sehen kann.

Als Wurzel nennt er das **Christentum**, welches seine Kraft verloren hat und „Gott sterben ließ". Die Ungeheuerlichkeit dieses Todes sieht er in den christlichen Wesenszügen, weil keine **Herren-**, sondern eine **Sklavenmoral** dort herrscht. So konnte es geschehen, dass die „obersten Werte sich entwerten". Nietzsche hält in seiner Not Ausschau nach einer stärkeren, höheren Manifestation: dem **Übermenschen**. Bei diesen Bemühungen spricht er mitunter die Sprache der Biologen, zum **Darwinismus** hinüberblickend, dessen Verkündigungen in seine Zeit gefallen sind. Dann erwägt er, ob der Übermensch sich nicht durch den „Kampf uns Dasein" planvoll züchten ließe. Was der **Nationalsozialismus** aus solchen Thesen gemacht hat, ist ein trübes Missverständnis Nietzsches, dem es darum ging, das Wesen des Menschen in letzter Tiefe zu erfassen.

Nein! Nietzsche war vereinsamt, hat sich selbst isoliert, hat in der Zeit der Arbeiterbewegung gelebt, hat den benachteiligten „**Arbeiter**" gehasst und als primitiv klassifiziert.

Nietzsche glaubte, den Menschen zum alleinigen Wertsetzer erklären zu können. In seiner Metaphysik des „**Willens zur Macht**" kommt das Wesen des neuzeitlichen Menschen zu einer Zuspitzung, aber unter Vorzeichen, die schon darüber hinausweisen.

Nietzsche ist eine Erscheinung, die keiner Richtung zugeordnet werden kann, obschon man ihn oft für die sog. **Lebensphilosophie** in Anspruch genommen hat. Von diesem Wort aus wird eine Reihe von Denkern erfasst, die – in einer Abwehr der Mechanisierung – den schöpferischen Charakter des Lebens betont haben. Das Leben fassten sie von der **Rauschhaftigkeit**, vom **dionysischen Phänomen** her mit Bezug auf den altgriechischen Gott des Weinbaus, dem man die **Rationalität** entgegenstellte, wie dies bei Ludwig Klages (1872-1956) geschah.

Den Blick hat man auch auf das geschichtliche Leben gerichtet, auf die geistigen Erscheinungen. Eine solche Sicht liegt bei Willhelm **Dilthey** (1833-1911) und Georg **Simmel** (1846-1926) vor. Dilthey betont nicht die vitale Rauschhaftigkeit, sondern die **Rätselhaftigkeit** des Lebens, der zufolge sich der Mensch in weltanschauliche „Gehäuse" zu flüchten versucht. Daneben akzentuiert er das schöpferische Wesen der Geschichte, in der immer Neues entsteht. Das Leben findet seinen „Ausdruck" im Sein und Tun der Menschen, und zwar vornehmlich in geistigen Leistungen. Diese Schöpfungen, so die Werke der Philosophie, der Kunst usw., können durch spätere Menschen hindurch wieder aufgefangen und verstanden werden, wobei natürlich berücksichtigt werden muss, dass die Geschichte inzwischen fortgeschritten ist und das ursprünglich Entstandene nie wieder ganz so aufleben kann, wie es einmal existierte. Von diesen Ansätzen her hat sich Dilthey besonders der **Erkenntniswissenschaft** zugeordnet. Einer der bedeutendsten Schüler Diltheys ist Eduard **Spranger** (1882-1963), der sich als Pädagoge ausgezeichnet hat.

Als einen Vertreter der Lebensphilosophie nannten wir bereits Henri **Bergson**.

Zu den einflussreichsten Schöpfungen der letzten Jahrzehnte gehört die **Phänomenologie**, deren Begründer Edmund **Husserl** (1859-1938) ist. Ihm geht es um eine Methode des Erkennens, die der empirischen Methode überlegen ist.

Letztere kann die Wesenszusammenhänge im **Seienden** nur durch Abstraktion aus der Erfahrung erfassen und bekommt so nur wahrscheinliche Ergebnisse. Doch besitzt der Mensch nach Husserl auch die Fähigkeit einer unmittelbaren **Wesensschau**, d. h. er vermag in einer streng sicheren **Intuition** aus dem Gegebenen dessen Wesen herauszulösen, ohne den Vergleich mit anderen Phänomenen durchführen zu müssen. Solche Akte der „**Ideation**“ gelingen bei Vollzug der „phänomenologischen Reduktion“, d. h. beim Absehen von der Realität der Dinge und unserer selbst. Üben wir solche „Enthaltung“, so bleibt immer noch der Bestand unseres Bewusstseins übrig, und ihn können wir hinsichtlich seiner Wesenszusammenhänge durchforschen. Wird dabei zunächst der Eindruck erweckt, als ließe sich die „Wesensschau“ ohne metaphysische Voraussetzungen üben, so geht Husserl doch zu einem **Idealismus** über, demzufolge das Ich – in **synthetischen**

Prozessen – die Gegenstände konstituiert (s. Kants **syntheti-sche** Erkenntnisse: **Aha-Erlebnisse** ...).

Hier sei auf den **erteilten Auftrag** gewiesen resp. das Geschehen am Waldsee, das sämtliche Bücher des Autors durchzieht. Nicht aufgrund der Husserlschen Schriften ist der Auftrag entschlüsselt worden, sondern aufgrund der Kantschen „Kritiker" (s. mein 5. bzw. 9. Buch). Drei Quellen bleiben somit erhalten: die beiden Bücher des Autors und entsprechende Stellen bei Kant und Husserl. Der neugierige Leser ist aufgefordert, diese Quellen zu untersuchen.

Ein Nachfolger Husserls ist Max **Scheler** (1874-1928), der mit Entschiedenheit Metaphysik betreiben will. Er verkündet einen **Wertabsolutismus**, d. h. er behauptet, und zwar mit dem ethischen Formalismus Kants, dass die Werte ein vom Menschen unabhängiges **Sein** besitzen. Damit kommt er in die Nähe der **platonischen Ideenlehre**. Die Möglichkeit der Werterfassung gründet er auf das Fühlen des Menschen, doch weniger von der Seite des Triebhaft-Sinnlichen, mehr von den geistig-seelischen Gefühlen her. Er spricht sogar, einen Ausdruck **Pascals** verwertend, von der **Logik des Herzens** (Reich Gottes im Herzen?) als der Möglichkeit des Menschen, eine Rangordnung unter den Werten festzustellen.

Nach dem ersten Weltkrieg konvertierte Scheler zum Katholizismus, ging aber später zu einem **Pantheismus** über. Nach ihm zeigt Gott zwei Seiten: eine geistige und eine dranghaft-vitale. Durch sie wird der einzelne Mensch zum „Mitstreiter" für die sittlichen Werte in der Welt.

Scheler hat stark auf Nicolai **Hartmann** (1882-1950) gewirkt. Auch er spricht von einem „idealen" Sein der Werte und Wesenheiten. Die reale Welt schildert er als einen Bau von vier Schichten: dem Anorganischen, Organischen, Seelischen und Geistigen. In seinen Ausführungen über das Wesen der Erkenntnis leugnet er, dass man **Erkenntnistheorie** ohne **Ontologie** treiben kann: Weil Erkenntnis zum Seienden gehört, muss jede Seinslehre auch den **Sinn der Erkenntnis** deuten.

Hartmann ist nahe daran, den oben genannten **Zirkel** aufzudecken, in den **Ontologie** oder Metaphysik einerseits und **Erkenntnistheorie** andererseits von jeher verstrickt gewesen sind. Wenn die Ontologie von allem Seienden, also auch von der Erkenntnis spricht, so muss sie zugleich Erkenntnistheorie sein. Doch die Erkenntnistheorie muss die von ihr behandelten Phänomene mit allen anderen vergleichen, also selbst Ontologie sein. Im Grunde haben sich beide Gebiete immer wechselseitig getragen, d. h. die großen Ontologien bestätigen sich selbst, indem sie das Wesen der Erkenntnis so schildern, wie es für ihre Entwürfe notwendig ist. Wenn so verfahren wird, dann kann man keine dieser Seinslehren als die richtige und wahre bezeichnen, denn jede sagt nur in Bezug auf sich selbst, was als wahr anzusehen ist. Hartmann will dennoch seine eigene Ontologie als eine ausgezeichnete herausstellen, was, wenn der eben dargestellte **Zirkel** wirklich durchschaut wird, natürlich nicht möglich ist!

Der von unserer Gegenwart her mögliche Rückblick zeigt, dass eine Fülle verschiedenartiger Ontologien, aber auch eine große Zahl voneinander abweichender Erkenntnistheorien angeboten worden sind. Es scheint, dass in einer neuen Weise nach dem **Sinn des Seins** gefragt werden muss, wenn nicht die **Skepsis** das letzte Wort haben soll.

Von dieser Situation her erklärt sich die weit reichende Wirkung, die das Werk Martin **Heideggers** (geb. 1889) in unserer

Zeit ausgelöst hat. Auch nach ihm hat sich die Grundfrage des Denkens auf den **Sinn des Seins** zu richten.

In dem großen Werk „**Sein und Zeit**“ von 1927 geht es vornehmlich um den Sinn des menschlichen Seins, weil nur im Menschen das Sein nach sich selber fragen kann. Die Auszeichnung des Menschen allem Übrigem gegenüber ist also, dass er den Sinn des Seins immer irgendwie versteht. Das tut er ursprünglich im Umgehen mit dem Seienden (Zuhandenen), und zwar in Weisen des Interessenehmens, Liebens, Hassens, Fürchtens, Erhoffens, Gebrauchens usw. Solche Möglichkeiten der „Gestimmtheit“ oder **Befindlichkeit** sind in jedem Menschen in besonderer Weise da, und von ihnen hängt ab, welche Bedeutung er diesem und jenem und schließlich allem **Seienden**, das sich zeigt, zuerkennt. So gestaltet sich der Entwurf einer Welt (**Existential**), unter welchem Heidegger den Zusammenhang der Weisen versteht, die zum Seienden offen stehen und ihm einen Sinnzusammenhang überwerfen. Man denke daran, dass wir von der Welt des Griechen, des Puritaners, des Künstlers, des Proletariers usw. sprechen und damit die Akzentuierung meinen, in der das Seiende jeweils ist. Erst auf Grund einer Vertrautheit mit „Zuhandenem“ kann sich das „Erkennen“ herausbilden als die Möglichkeit, Aussagen über das **Sein** zu machen, bei denen vom ursprünglichen Interessensbezug abgesehen wird.

Letztlich geht es dem verstehenden Menschen bei seinem Umgang mit anderem Seienden um sich selbst, und zwar um seine Möglichkeit „eigentlich“ oder „uneigentlich“ zu sein. Er kann, was kein anderes Wesen zu tun vermag, sich zu „seinem **Sein** verhalten“ und so über sich selbst entscheiden. Was das bedeutet, zeigt **Heidegger** in seinen Ausführungen über das „Man“, dem sich der Mensch in der „Alltäglichkeit“ zumeist unterwirft. Er untersteht dann der anonymen, aber höchst versucherischen Herrschaft der „Anderen“, die ihm, in Sitten und Gebräuchen, in den Weisen des Genießens, aber auch des „Kulturbetreibens“ und so fort, sein ureigenes Können „abgenommen“ haben, ihn halten und tragen. Das „Man“ nämlich bewirkt die Einebnung, Verdurchschnittlichung und Trivialisierung allen Tuns, und der einzelne muss sich gegen solche „Einflüsterungen“ erst finden. Solche Erringung der **Eigentlichkeit** ist möglich, weil im Menschen das tiefste Verständnis seiner Endlichkeit aufbrechen kann, weil er bedenken kann, dass sein Sein ein „Sein zum Tode“ ist.

Das Werk „Sein und Zeit“ gibt eindringliche Analysen des Gewissens, der Schuld, der Freiheit, der Angst des Menschen um seine Eigentlichkeit, der Zeitlichkeit und der Geschichtlichkeit. Doch es zeigt auch gewisse Schwächen, ja Annäherungen dem **Nationalsozialismus** gegenüber.

In der Fülle der Schriften, die auf „Sein und Zeit“ folgen, vollzieht sich dann dasjenige, was die „**Kehre**“ Heideggers genannt worden ist. Es wird **vom Sein her** gesprochen (**Neuer Bund**: Offenbarung des Jeremia, s. mein 7. Buch) und festgestellt, dass der Mensch mit seiner Weise des Weltverstehens „ek-sistiert“, dass er in der „Lichtung“ des Seins steht, und, indem anderes Seiende für ihn aufscheint, immer schon in eine Grunddeutung des Seins (Sprache) eingewiesen ist. Er ist **nicht** der auf seine Erkenntniskräfte insistierende **Beherrscher der Welt**, wie es der Mensch der Neuzeit zu sein glaubt, er ist nur der Hirt des Seins, der das, was an einer geschichtlichen Stelle ihm übergeben wurde, in die Hut zu nehmen hat.

Auch das Aufscheinen des Gottes oder das Ausbleiben des Göttlichen in der „Weltnacht“, wie sie heute für Millionen von Menschen da ist (s. mein 4. Buch), hängt nicht vom Menschen ab, sondern ist „im Geschick des Seins“ begründet (Nein! das grenzt an **Determinismus, s.o.**).

Im neuzeitlichen Denken ist der Mensch immer wieder in **metaphysische Verständnisweisen** geworfen worden. Er hat sich nur an das Seiende gehalten, das sich ihm anbot, hat von bestimmten Teilphänomenen her auf das **Sein** geschlossen.

Und er hat angenommen, dass die Art und Weise, wie sich das **Seiende** zeigt, schon immer dem **Sein** zu verdanken ist. Er lebte in Seinsvergessenheit. Das Sein selbst entzog sich ihm mit seiner tiefsten Wahrheit und ließ zu, dass es von Metaphysiken her verstanden wurde.

Aus heutiger Sicht scheint es, Heidegger wollte nur tastende Schritte tun, als könne tiefer gefragt werden. Was bedacht werden müsste, wäre die **ontologische Differenz**, d. h. der Unterschied von **Sein** und **Seiendem**. Das Sein kann nicht, wie die Metaphysik es versuchte, vom Seienden her verstanden werden. Das Sein ist „es selbst“, kein Gott und keine Materie und kein „Gegebenes“, sondern das, was das Seiende und so auch den Menschen ins Sein hebt – und zugleich eine Deutung „ankommen“ lässt. Dabei wird der Mensch stets aufgerufen, sich zu **bewähren**, sprich: dass er sich „nicht vergeht am Geheimnis des Seins“, dass er nicht glaubt, ein für allemal Bescheid wissen zu können, sondern es dankend und demütig begrüßt, „freigegeben“ zu sein in ein Feld, auf dem er um seine „**Eigentlichkeit**“ ringen kann (s. oben **Kant**).

In diesem Denken ist der erwähnte **Zirkel** überwunden: jene Verstrickung von **Ontologie** und **Erkenntnistheorie**. Denn der Zirkel konnte sich nur bilden, weil vom Seienden her ein geschlossenes Weltbild gesucht wurde. Solche Fehler haben jene Denker gemacht, die alles Seiende in ein Begriffssystem einordnen und dessen Grundstruktur angeben wollten, wobei sie zugleich immer das Wesen der Erkenntnis so schildern mussten, dass die eigene Konstruktion dadurch gerechtfertigt wurde. Unter **Wahrheit** haben sie ihre eigenen Aussagen gemäß der Wirklichkeit verstanden, haben dabei vergessen, dass das Sein das Seiende in immer erneuter Weise in die „Unverborgenheit“ hebt (Seiendes als **Wirkung des Seins**? s. mein 11. Buch).

Im Rückblick auf solche Fehler wird kein neuer Entwurf vorgelegt, und es wird auch keine „**Erkenntnistheorie**“ im herkömmlichen Sinne angeboten, was schon deswegen nicht nötig erscheint, weil die **tiefste Wahrheit** für uns verborgen bleibt. Heidegger wollte den Denkenden dahin führen, zu fragen, von woher er denn überhaupt in die Möglichkeit des Verstehens und also auch des Denkens eingewiesen worden ist und weiterhin eingewiesen werden wird, um sich je **bewähren** zu können.

Im Lichte der Aufklärung liegt die bedenklichste Zuspitzung des nach Begründungen suchenden Machtwillens vor, wenn der Mensch auch seinen Mitmenschen als ein Wesen ansieht, das ganz und gar **kausal** gedeutet und gesteuert werden kann (**s.o.**, auch **Paulus**).

Der französische Denker Gabriel **Marcel** (geb. 1877) hat dargelegt, dass nicht nur im Rahmen diktatorischer Herrschaftsformen, sondern überall in der Welt das Wesen des Menschen herabgerissen wird. Er verwirft die rational- objektivierende Methode und charakterisiert eine „zweite Reflexion“, in der der Denkende sich „engagiert“ und in „Teilhabe“ und „Gegenwärtigkeit“ sein echtes, im **göttlichen** „Du“ eingesenktes Sein verwirklicht. In seiner Schrift „Les Hommes contre L’Humain“ (Die Menschen gegen das Menschliche) zeigt er

Praktiken, wie Menschen als Nummern behandelt und durch die Zumutungen der Propaganda herabgewürdigt werden.

Nachtrag: Diesbezüglich soll nicht versäumt werden, auf die derzeit weltweite Jugendbewegung zu weisen, auf die Bewegung „**Fridays for Future**" etc., ausgelöst durch **Greta Thunberg** resp. ihr angeborenes „Kindchenschema" (Schlüsselreiz zur Auslösung betreuender Gefühlsreaktionen), andererseits durch das Mitwirken des Autors Bernhard Marxen resp. seiner Bücher.

Von einer „**Verwahrlosung** des Menschseins" spricht auch Karl **Jaspers** (geb. 1883). In seiner „**Existenzphilosophie**", die sich nicht beweisend und begründend, sondern appellierend an den Menschen wendet, ist das Wort „Existenz" weitgehend von dem Sinne her zu verstehen, den ihm **Kierkegaard** gegeben hat: als etwas, das im sozialen Dasein des Menschen gleichsam aufspringen kann, nämlich die Bereitschaft zur Echtheit, zum Ernst, zur Verantwortlichkeit, zur Verwirklichung des Selbstseins, bei der der eigene Erfolg im egoistischen Sinne keine Rolle mehr spielt. Damit wird die „**innere Freiheit**" des Menschen mit höchstem Nachdruck betont, wie das Existenzdenken überhaupt einen Stoß darstellt gegen die **deterministischen Deutungen** des Menschen, die heute umgehen, sei es, dass man das Seelenleben völlig **kausalistisch** deuten lässt, sei es, dass man es ganz und gar durch die „Gesellschaft" bestimmt sieht. Jaspers verweist auf die „hohen" Möglichkeiten des Menschen, der in jeweils einzigartiger Situation weiß, dass es auf ihn und seine Entscheidung ankommt.

Diesem Denken zufolge sind heute keine geschlossenen Weltbilder mehr möglich. Es wird vielmehr zu der Besinnung aufgefordert, dass sich dem in der Geschichte stehenden Menschen nur ganz bestimmte, ausgewählte Felder öffnen und als umgreifende Sphären an ihn herantreten. Das letzte **Umgreifende**, das oft als **Gott** bezeichnet wird, nennt Jaspers die **Transzendenz**. Auch sie darf nicht objektiviert werden.

Geschieht das, so geht der Mensch „in die Enge“ und hat nicht mehr den Blick für die Fülle der Möglichkeiten, wie die Transzendenz sich ankündigen kann.

Auch rationale **Beweise Gottes** sind nicht mehr möglich, denn ein bewiesener Gott wäre kein Gott. Die Tiefe der Transzendenz erschließt sich uns vielmehr in **unbedingten** Entscheidungen: Sie fühlt sich getragen von einem **inneren Sollen** (s. oben **Kant**), lässt den Einzelne spüren, dass in der Tiefe seines Bewusstseins etwas mit ihm im Bunde ist, etwas vom Geheimnis des **Seins**, das ihn zum Handeln zwingt.

Die existenzielle **Freiheit** ist gleichfalls nicht gegenständlich. Für die Psychologie ist sie unsichtbar. Sie muss in einem von der Vernunft durchdrungenen philosophischen Glauben ergriffen werden und ist schon gepackt, wenn der Mensch bei dem Gedanken erschrickt, unmündig und völlig **determiniert** zu sein (s. oben **Paulusbriefe**: Galaterbrief …)

Zwischen Menschen gibt es eine tiefe, nicht kausal zu schildernde Bindung, die Jaspers „**existentielle Kommunikation**“ genannt hat.

Eine besondere Fassung der menschlichen Freiheit findet sich bei dem Vertreter des „**Existenzialismus**“ in Frankreich, Jean Paul **Sartre** (geb. 1905). Von ihm wird ein **Atheismus** vertreten, in dem es heißt, wenn es Gott gäbe, könnte der Mensch nicht frei sein. Im Grunde handelt es sich dabei um jene alte Schwierigkeit der Metaphysik, die dann entsteht, wenn man Gott vergegenständlichen will.

Bei **Sartre** gibt es keinen Seinshintergrund, auf den sich der Mensch in seinen Freiheitsentscheidungen beziehen könnte. Der Mensch setzt seine Werte jeweils selbst (s. oben **Nietzsche**), und deshalb nennt Sartre solche Entscheidungen absurd. Die Tatsache, dass die Freiheit hier gleichsam in einem luftleeren Raum hängt, spiegelt sich in der Deutung, die **Sartre** der Beziehung der Menschen untereinander gibt, wider. Sie wird grundsätzlich als Konflikt geschildert (Die Hölle, das sind die Anderen). Eine Art von Solidarität gibt es nur zwischen Menschen, die von anderen unterdrückt werden. Von hier aus macht Sartre den Versuch, eine Freiheitslehre mit **dialektisch-materialistischem** Denken in Verbindung zu bringen, was wenig überzeugt.

Dichter und Denker von größter Wirkung auf die Gegenwart ist der Franzose Albert **Camus** (1913-1960). Er schildert zunächst die Absurdität der Welt und sieht für den Menschen nur die Möglichkeit des stolz-verkrampften Meuterns. Dann aber wandelt sich das Wesen seiner Revolte, und er zeigt, dass es im Meer des Absurden die Inseln tiefster Menschenbindung gibt.

Als bedrohlichster Gedanke erscheint ihm ein **teleologischer Geschichtsentwurf**, dessen Wurzeln er bei **Hegel** sieht und dessen Weiterentwicklung der **Kommunismus** resp. dialektische und historische Materialismus betreibt (s. oben Begriff der **Notwendigkeit**). Stellt ein Denker, so heißt es, und noch dazu ein Politiker, den vollendeten Menschen und seine Sozialordnung erst ans Ende der Geschichte, so nimmt er sich nur zu leicht das Recht, in der Zwischenzeit um seiner Ideen willen den Terrorismus, ja den Mord gutzuheißen.

Darum ist jedes „Wir werden sein!“ durch ein zeitloses „Wir sind!“ zu ersetzen, von dem her allein ein Zugang zur Tiefe des **Seins** möglich ist.

NACHWORT

Der Autor Bernhard Marxen hat dieses Buch in **Vorbereitung** geschrieben, hat diesem Buch – nach Fertigstellung – die Homepage des Ethos-Verlags noch zusätzlich beigefügt. Im Folgenden zuerst der Hinweis auf den Ethos-Verlag resp. den Verein durchsichtige Parteien (VdP e.V.), dann der Hinweis auf Books on Demand (BoD) und den Zweck der Bücher, ohne auf deren Kurzbeschreibungen einzugehen. Unter dem Namen des Autors können diese Kurzbeschreibungen bei BoD oder dem VLB aufgerufen werden.

Der **Ethos-Verlag**
Hopfenberg 13
D-21244 Buchholz in der Nordheide, Germany
Internet: www.ethos-verlag.de

Der Ethos-Verlag hat die Bücher von Bernhard Marxen veröffentlicht.

Verkauf und Versand erfolgen durch

Books on Demand GmbH (BoD)
In de Tarpen 42
D-22848 Norderstedt, Germany
Internet: **www.bod.de**, dort „Buchshop", dann „Bernhard Marxen"

Über diesen **Link** gelangen Sie direkt zur Buchauswahl von Bernhard Marxen bei BoD.

BoD-Tel. + 49 (0)40-534335-11

Einführung

Der Ethos-Verlag ist gemeinnützig und erwirtschaftet keine Gewinne! Er hat sich die Aufgabe gestellt, eine Theorie zu verbreiten, die das Recht der Gesellschaft verbessern könnte – unter Berufung auf das Grundgesetz: auf die Gleichheit der **Gesetzgebung** (Art. 1(3); 3 Grundgesetz).

Um überhöhte Macht **nachhaltig** begrenzen zu können, muss **zuerst** das staatliche Gesetz umformuliert werden (entgegen Bemühungen von Bürgerinitiativen). Nach langen Zeiträumen ist das den Frauen nun teilweise gelungen, und zwar durch Einführung einer **Frauenquote** für Parteiämter und gesetzgebende Parlamente, was sich wirtschaftlich in einer Frauenquote für Vorstände in großen Unternehmen niedergeschlagen hat.

Das Vorbild „**Frauenquote**" könnte für die Gesellschaft insgesamt fruchtbar gemacht werden. Dafür ist ein **Modellsystem** errichtet worden (dreistellig: Subjekt-Modellsystem-Objekt), das in 10 Büchern des Autors erklärt, begründet, funktionalisiert worden ist, doch praktizierbar nur im **3.** oder 4. Buch. Der besseren Übersicht wegen folgende Graphik:

Hier die Graphik, die in allen Büchern des Autors zu finden ist.

Die Kreise meinen die Bücher des Autors, die zusammen eine Einheit bilden und in sich schlüssig sind (Kreisgröße und Seitenzahl stehen in keiner Beziehung zueinander). Nur die Bücher 1, 2, 3, 4/10, 8/9 kennzeichnen das Modellsystem. Die Bücher 5, 6, 7 sind von religiös-theologischer Art; dem Modellsystem sind sie aber verhaftet.

Das Modellsystem geht von einem persönlichen Erlebnis aus: von einem **rätselhaften Geschehen** an einem Waldsee, der in der **Lüneburger Heide** liegt und zum Gebiet der Stadt Buchholz in der Nordheide gehört. Der Autor bezweifelte das Geschehen, bemühte sich aber um Entschlüsselung – zuerst philosophisch, dann politisch, dann religiös-**theologisch**. Hier nun – zu dieser Einführung – vorerst der **politische** Aspekt:

*

Vom **Subjekt** aus kann das **Modellsystem** sowohl als Mittel der Erkenntnis als auch der operativen Einwirkung auf das **Objekt** fungieren. Für diesen Zweck ist ein Verein gegründet worden: der Verein durchsichtige Parteien (VdP e.V.), der politisch **neutral** und **parteiübergreifend** arbeiten muss.

Erklärungen zum Verein durchsichtige Parteien (VdP e.V.)

Ins gesetzgebende Parlament gelangen die Abgeordneten über politische Parteien. Die Mängel der Gesellschaft bzw. der Gesetzgebung sind die Mängel der politischen Parteien, genauer: der **Parlamentsparteien** (Objekt).

Gleichheit der Gesetzgebung (s. ganz oben) kann erst dann gelingen, wenn die Erfahrungen des gesetzgebenden Parlaments mit den Erfahrungen der Bevölkerung etwa übereinstimmen:

- wenn jede **Berufsgruppe** der Bevölkerung im gesetzgebenden Parlament anteilsgerecht vertreten ist (nur **vier** Berufsgruppen – Vorbild: Tarifklassen-System des Öffentlichen Dienstes)

- wenn jeder Kandidat der Parlamentsparteien seine Berufsgruppe bekannt gibt (gemäß **Bundesdatenschutzgesetz** (§24 Abs. 1 und 2, notfalls Informanten)

- wenn jeder Abgeordnete nach festgelegter **Zeit** das gesetzgebende Parlament wieder verlässt (keine Lebenszeitabgeordneten: auch in früheren Jahrhunderten herrschten Fürsten und Herren ihr Leben lang!)

- wenn bundesweit eine **Parteienhochschule** aufgebaut worden ist, zwecks verzugsfreier und vollwertiger Parlamentsarbeit, auch gegenüber der Ministerialbürokratie: der exekutiven, vollziehenden Gewalt (Träger der Parteienhochschule VdP e.V. mit **volksrepräsentativer** Zusammensetzung).

Politische Parteien (Parlamentsparteien) kanalisieren die Abgeordneten in die gesetzgebenden Parlamente. Weil die Mängel der politischen Parteien zu Mängeln der Gesellschaft bzw. Gesetzgebung führen, müssen die politischen Parteien durchsichtig gemacht werden – mit vernetzen Computern (Denkverstärkern).

Hier sei auf die **Delegiertenwahl** der einzelnen Partei gewiesen (während der Hauptversammlung auf der Ortsebene bzw. des Parteitags auf höheren Ebenen). Die Delegiertenwahl, die das bestehende Parteigebäude alle 2 Jahre neu aufbauen soll, ist das **wichtigste** Parteiereignis!

Von den Parteimitgliedern, die auf der Ortsebene **gleiches Wahlrecht** haben, wird die Delegiertenwahl als wichtigstes Parteiereignis kaum gesehen und genutzt – mit negativen Folgen für die innerparteiliche Demokratie auf allen Ebenen!

Dennoch, auch wenn das Berufsprofil aller Parlamentsparteien mit dem Berufsprofil der Gesamtbevölkerung nicht gänzlich übereinstimmt, hier folgende **Ursache-Wirkungs-Kette** – aufgrund eines neuen **innerparteilichen** Wahlverhaltens (je eigene Berufsgruppe und eigenes Geschlecht wählen):

- Hauptversammlung bzw. Parteitag einer beliebigen Parlamentspartei =>

- Durchleuchten der Parlamentspartei (mit je eigenem Computer als Denkverstärker) =>

- Delegiertenwahl (je **eigene** Berufsgruppe und **eigenes** Geschlecht wählen, s. ganz oben) =>

- **Innerparteiliche** Demokratie – als wichtiges Teilziel.

Die Mängel der Gesellschaft bzw. Gesetzgebung sind die Mängel der politischen Parteien und umgekehrt. Das Stichwort lautet: **innerparteiliche** Demokratie durch **repräsentative** Delegiertenwahl.

Die lange **Verweildauer** im gesetzgebenden Parlament (bis zu 50 Jahre derzeit) ist vom Ergebnis der **Delegiertenwahl** natürlich ebenfalls abhängig. Mit Hilfe des VdP e.V., der **gemeinnützig** ist, lässt sich das verhindern.

*

Ethische Begründung

Der Natur, der Gesellschaft, der Welt insgesamt liegt ein natürliches und universelles Prinzip zu Grunde: das **Prinzip**

der kleinsten Wirkung bzw. **des kleinsten Aufwands**, das ein Optimum erzielen kann und dem Kern großer Religionen entspricht (Bibel: Mt 22, 36-40). Die Politik, insbesondere die Außenpolitik, hat die Ethik ausgeklammert: Interessen bestimmen das Kalkül.

Erforderlich ist eine Ethik des Guten, die dem Begriff der **Ordnung** folgen muss. Weil das Böse ebenfalls geordnet auftreten und erst so maximal wirken kann, ist ein zweiter Begriff erforderlich: der der **Offenheit** (durchsichtige Parlamentspartei mit vernetzten Computern (Denkverstärkern).

Ordnung und Offenheit sind dem **Prinzip des kleinsten Aufwands** zugeordnet, gelten als optimale **Strategie**, was die Vereins- und Parteimitglieder beachten sollten.

Zur Strategie gehört ein **Ziel** (Optimum): das Ziel einer Ursache-Wirkungs-Kette, nämlich die Gleichheit der Gesetzgebung (s. ganz oben).

Die **Ursache-Wirkung-Kette** erneut – aufgrund des neuen innerparteilichen Wahlverhaltens:

- Hauptversammlung bzw. Parteitag einer beliebigen Parlamentspartei =>

- Durchleuchten der Parlamentspartei (mit je eigenem Computer als Denkverstärker) =>

- Delegiertenwahl (je **eigene** Berufsgruppe und **eigenes** Geschlecht wählen, s. ganz oben) =>

- **Innerparteiliche** Demokratie als wichtiges **Teilziel** =>

- Repräsentative Zusammensetzung der gesetzgebenden Parlamente =>

- Gleichheit der Gesetzgebung – gemäß Art. 1(3); 3 Grundgesetz – als **Ziel** (s. ganz oben).

Die Parteimitglieder sollten erkennen:

1. Zum Ziel gehört ein Weg, ein **langer** Weg: kurze Wege taugen nichts!

2. Ausgewogene Gesetze **hierzulande** (Gleichheit der Gesetzgebung) sind Entwicklungsländern größte Hilfe!

3. Der Computer ist ein Werkzeug, ein **mächtiges** Werkzeug, das sich nutzen lässt – speziell für die Delegiertenwahl.

4. Der **Fraktionszwang**, der entgegen Art. 38 Grundgesetz praktiziert wird, muss zurückgedrängt werden, ebenso der **Lobbyismus**!

5. Das geförderte und sich ausbreitende Phänomen „Stiften" unterläuft demokratische Grundsätze und muss ebenfalls zurückgedrängt werden (**wirtschafts-politische Stiftungen**). Es folgt nicht dem Willen des Parlaments, sondern dem Stifter (siehe www-deutsches-stiftungszentrum.de).

6. Für die Arbeit im VdP e.V. ist pro Ortsverein und Partei **nur eine Person** erforderlich, die sowohl Vereins- als auch Parteimitglied sein muss.

Näheres im **3.** und 4. Buch.

Blick auf die Bücher:

Am **Prinzip der kleinsten Wirkung** bzw. **des kleinsten Aufwands** sind die Bücher orientiert. Das rätselhafte Geschehen, das erwähnt und säkular entschlüsselt wurde (9. Buch), ist der Beginn einer Linie, die alle Bücher des Autors durchzieht und im 13. erst endet.

Der Autor hat die letzten drei Bücher „**in Vorbereitung**" geschrieben: hat sie nach seinem Tod erst veröffentlichen lassen.

Ziel und Strategie sind begründet worden – **in naturgesetzlichen** Zusammenhängen, unter Berücksichtigung des **staatlichen Gesetzes**. Politische Parteien lassen sich, wie erwähnt, durchsichtig darstellen – mit vernetzten <u>Computern</u> (Denkverstärkern).

Das **rätselhafte Geschehen** weist auf politisches Handeln: auf die Instanz der Politik. Der Kampf der Menschheit ist der Kampf um das staatliche Gesetz (**s.o.**).

*

Nachtrag: Mit **Greta Thunberg** und der Bewegung „**Fridays for Future**" ist die Prophezeiung des Autors Bernhard Marxen real geworden – **dreizehn Jahre** nach Veröffentlichung seines **fünften** Buches.

Auf Seite 410 hat Marxen mit dem „objektiven Geist" (Hegel) ein letztes Mal gesprochen und ihn sagen hören. Zitat: „Berühmt willst du nicht werden. Das Wort ist dir zuwider. Nicht deine Person, deine Lehre soll bekannt werden. Erinnere den Auftrag, im Bild und Satz … und vor allem die Jugendbewegung … Einer wird kommen – später viele – und dein Konzept aufnehmen … Verdeckt darfst du bleiben, wie auch immer. Der *lange Marsch* hat begonnen – zum Recht eines jeden: *Teilhabe an der Leitung der Gesellschaft, zu der man gehört (wahre Demokratie) …*" Zitat Ende.

Dreizehn Jahre nach diesen Worten (August 2018) hat **Greta Thunberg** resp. ihr angeborenes **Kindchenschema** (Schlüsselreiz zur Auslösung betreuender Gefühlsreaktionen) eine weltweite Protestbewegung unter Schülern und Jugendlichen ausgelöst – angeregt durch **Lehrerinnen und Lehrer**. Mit Tränen in den Augen hat sie den Delegierten beim UN-Klimagipfel in New York (2019) zugerufen: „Wie könnt ihr es wagen? Wir stehen am Anfang eines **Massensterbens**, und alles, worüber ihr reden könnt, ist Geld und das Märchen vom immer währenden Wirtschaftswachstum."

Was ist geschehen – im Sinne der gestellten Forderungen?

Eine „Anthro-Pause" ist eingelegt worden – drei Jahre lang: Ende 2019 ist die **Corona-Pandemie** ausgebrochen – als Folge von Massentierhaltung, Hybris, Überbevölkerung und Vergiftung der Luft, Böden und Gewässer. Das **Massensterben** hat begonnen.

Art. 1(3); 3 Grundgesetz (Gleichheit der **Gesetzgebung**): – Ein los-basierter „Jugendrat" und volksrepräsentativer „Bürgerrat- Demokratie" ist gegründet und **rechtlich** festgeschrieben worden (**Democracy for Future**, 18.06.2020), Schirmherrschaft: Altbundespräsident Horst Köhler.

Beschluss beim **Bundesparteitag der FDP** (2021): Dauer der Kanzlerschaft maximal **zwei** Legislaturperioden!

Revolution im Klassenzimmer! Niedersachsen will bei Schülern keine Trennung mehr nach katholisch und evangelisch vornehmen. Kirchen planen einen gemeinsamen Religionsunterricht, ein Modell, das bundesweit einmalig ist und über Niedersachsen hinaus auch in anderen Ländern Schule machen könnte (Zeitungsbericht, 20.05.2021).

Für den gemeinsamen christlichen Religionsunterricht geht es voran. Laut **Rechtsgutachten** des Freiburger Juristenprofessors Ralf Poscher sind sowohl die organisatorischen wie auch die personellen und pädagogischen Voraussetzungen gegeben (Zeitungsbericht, 17.05.2022 und 10.01.2023).

Der lange Krieg gegen **Afghanistan** ist im Jahre 2021 endlich beendet worden.

Anfang 2022 ist ein **neuer Krieg** ausgebrochen: der zwischen Russland und der Ukraine – unter Beteiligung der NATO, der EU und den USA – mit ungezählten Verletzten und Toten (**Massensterben**).

Weitere Nachträge sind im 11. und 12. Buch.

Buchliste des Autors

Von Bernhard Marxen liegen vor – als Beitrag zur Modellierung der Welt insgesamt (in fünfunddreizig Jahren erarbeitet und mehrmals überarbeitet):

0. **In Vorbereitung**: Geschichte der Philosophie inkl. Theologie, 104 S., voraussichtlich 2023

1. Entwicklungslinien naturphilosophischen Denkens in der Auseinandersetzung zwischen Materialismus und Idealismus, 132 S. *(nur die aus 2008 stammende Auflage ist gültig)*

2. Modellsystem der realen Welt: Beitrag zur Synthese und Reduktion von Information *(interdisziplinär)*, 280 S., erste neue Ausgabe 2017
   - Welt als Information und Aufgabe
   - Gesetzlicher Zusammenhang der Welt (siehe 8.)

3. Die Aufgabe: Zum sittlichen Recht, 116 S., erste neue Ausgabe 2017

4. Weltweit denken – Ortsnah handeln: genetischer Eingriff an der kapitalistischen Gesellschaft, 176 S., *(nur die aus 2007 stammende Auflage ist gültig)*

5. Auf Wegen zum innersten Licht *(der Jugend gewidmet)*, 428 S., erste Auflage 2006

6. Die Religion Abrahams: Judentum – Christentum – Islam, 216 S., erste Auflage 2005

7. Entschlüsselte Religion: Epoche des „dritten Tags“, 64 S.,

Auflage 2013/2015, erste neue Ausgabe 2017, *(veralteter Titel: A-B-C der Religion)*

8. Gesetzlicher Zusammenhang der Welt, 76 S., erste neue Ausgabe 2017 (siehe 2.)

9. /9.* Meine Heimat sei gelobt: Geschehen am Waldsee *(gewidmet der Stadt Buchholz in der Nordheide)*, 36/64 S., erste/erw. neue Ausgabe 2017

10. Allgemeine Statuten des Vereins durchsichtige Parteien (VdP e.V.), 48 S., erste Version 1989, neue – gemeinnützige – Version 2017

11. **In Vorbereitung**: Der Dornenweg *(gewidmet der Jugend)*, 40 S., voraussichtlich 2021

12. **In Vorbereitung**: Das Symbol – Ein Lehrschauspiel *(gewidmet der Stadt Buchholz in der Nordheide)*, 60 S., voraussichtlich 2019

13. **In Vorbereitung**: Neugierde genügt – Eine Novelle *(gewidmet der Gemeinde Marxen)*, 102 S., voraussichtlich 2022.

Die genannten Bücher stellen eine Einheit dar. Als Modellsystem sind sie zielgerichtet und in sich schlüssig – in naturgesetzlichen Zusammenhängen! Das **erste** Buch gilt als Grundlage für das **zweite**, auf dem das **dritte** bzw. **vierte** (reich bebildert) aufgebaut ist.

Das **fünfte** Buch – mit autobiographischem Anteil – ist die „Wurzel" der genannten Bücher. Es kreist um ein rätselhaftes Geschehen, das dem Autor vor Jahren widerfuhr. Weil alle Deutungen mangelhaft gewesen sind, hat er es verdrängt und vergessen. Unbewusst aber ist er den Weg gegangen, der ihm gewiesen wurde. – Er ringt um Erkenntnis, durchdringt Theorien und Philosophien. Politische Arbeiten folgen, theoretisch und praktisch. Nach langer Suche erst, im „fernen Land“ erkennt er ein *Leuchtbild* und findet seine Seelenruhe.

Das **sechste** Buch ist ein Ausschnitt des **fünften**.

Das **siebente** Buch ist eine notwendige Ergänzung des **sechsten** und **fünften**.

Das **achte** Buch ist ein Ausschnitt des **zweiten** (siehe dort). Mit ihm erst ist das *Prinzip der kleinsten Wirkung bzw. des kleinsten Aufwands* neu erkannt und wegen seines natürlichen und universellen Charakters auf das 3. und 4. Buch bezogen worden – als *neues Paradigma* auch für Ethik, Politik bzw. Parteiarbeit. Die Ethik gehört, begrenzt, zur Naturwissenschaft.

Mit dem **neunten** Buch ist das rätselhafte Geschehen endlich entschlüsselt – auf Grund der kantschen „ Kritiken“. Übrig bleibt dennoch ein „Rest“, der als Berufung gedeutet wird.